Waarom een echte liberaal geen VVD stemt

SIMON VAN TEUTEM

WAAROM EEN ECHTE LIBERAAL GEEN VVD STEMT

2025 Prometheus Amsterdam

Dit boek is voor een deel gebaseerd op mijn verhalen voor De Correspondent (decorrespondent.nl).

Omslagontwerp en -beeld Mart Veldhuis
Foto auteur Maarten Delobel
Zetwerk Mat-Zet bv
www.uitgeverijprometheus.nl
ISBN 978 90 446 6091 3

Inhoud

Voor Stijn

Inleiding

'Rede en vrijheid lijken elkaar te ondersteunen en een aanval op de één maakt een aanval op de ander mogelijk.' – Frits Bolkestein, 'Over de intellectuele wortels van het fascisme' (2000)

'Op wie heb jij gestemd?'

Ik vroeg het aan Stijn, op een grauwe woensdagavond in zijn woonkamer in Bunnik. Ik had een vermoeden, maar wilde het toch uit zijn mond horen.

Stijn is een van mijn oudste vrienden. Als puber haalde ik hem elke ochtend op bij hetzelfde huis, en samen trapten we over de Koelaan richting school in Zeist. Een lange, rechte weg, waar het leek alsof we altijd wind tegen hadden, maar waar ons gesprek zelden stilviel.

Op vrijdagavond haalden we stiekem een pakje peuken bij het café, en zaten we urenlang op het Zwarte Veldje: een lap asfalt tussen de Bunnikse bomen. Daar ging het soms over voetbal – Utrechter versus Ajacied – maar ook geregeld over politiek, over vrijheid, en zelfs over wat een land eerlijk maakt, of rechtvaardig. We bleven praten tot het pakje leeg was.

Na de Tweede Kamerverkiezingen van 2023 spraken we elkaar weer eens, voor het eerst in lange tijd.

'VVD,' antwoordde hij zonder aarzeling op mijn vraag. 'Je weet dat ik een mkb'er ben. Ik werk minstens zestig uur per week. Je hoort mij niet klagen hoor, ik voel me nooit zielig. Maar ik wil wel dat het loont. Ik ben, denk ik, een liberaal.'

Daar, op dat moment, ontstond de kiem van dit boek.

Het liberalisme ligt breed onder vuur. Niet alleen van buitenaf, al slaan daar de vlammen het hoogst uit. In de Verenigde Staten, waar Donald Trump eerder een verkiezingsuitslag weersprak en nu knaagt aan de tegenmacht van rechters, centrale bankiers en universiteiten. In Hongarije, waar Viktor Orbán persvrijheid en eerlijke verkiezingen ondermijnt. In Oekraïne, waar Vladimir Poetin met tanks en propaganda een buurland binnenvalt. Deze figuren hebben ten minste één ding gemeen: zij zijn helder in hun afkeer van het liberalisme. Ze willen geen onafhankelijke rechtspraak, geen kritische pers, geen pluralistische samenleving. Ze maken daar geen geheim van, integendeel, ze pronken ermee.

Maar het gaat mij om het liberalisme *binnen* Nederland. De bedreiging hier is subtieler, en verraderlijker. Ze komt niet luidkeels in opstand tegen het liberalisme, maar bedient zich juist van eenzelfde taal. Het is geen frontale aanval, maar een geleidelijke vervorming. Niet van buiten, maar van binnenuit. De woorden zijn vertrouwd, de idealen klinken bekend, maar intussen worden ze losgeweekt van hun oorspronkelijke betekenis.

En wel door de Volkspartij voor Vrijheid en Democratie (VVD), de partij waar Stijn op stemde. Al decennialang presenteert de VVD zich als het liberale anker van Nederland. Maar wat blijft daarvan over, als principes vooral dienen om mooie sier te maken in speeches, en in de praktijk net zo makkelijk opzijgezet worden voor peilingsgevoelig opportunisme?

Ik ben, net als Stijn, een liberaal. Voor mij draait het liberalisme hierom:

1. **Jouw leven is van jou.** Niet van de staat, niet van de gemeenschap, niet van een leider die denkt namens jou te spreken, en ook niet van een meerderheid die denkt te weten wat goed voor je is. Je mag denken wat je denkt, zeggen wat je zegt, bidden, beminnen, hopen, zolang je anderen niet knevelt of beperkt.
2. **Hard werk moet lonen.** Niet je afkomst, niet je bezit, niet het netwerk waarbinnen je bent geboren, maar inzet en durf zijn bepalend voor je levensloop. In een liberale samenleving is succes geen erfstuk, maar iets wat je verdient.
3. **Verstand boven emotie.** Gevoel lijkt in deze

tijd haast heilig. Maar liberalisme begint met de bereidheid om je gevoel kritisch te bevragen, jezelf tegen te spreken. Feiten gaan voor sentiment, twijfel voor stelligheid. Liberalen hebben net zo goed gevoelens, maar wenden zich nooit af van de rede.

4. **Vooruitgang is mogelijk.** Liberalen zijn geen dromers, maar ook geen cynici. Geen heimwee naar een verleden dat nooit heeft bestaan. Geen berusting in een wereld die zogenaamd niet te veranderen valt. Vooruitgang is geen illusie, maar ook geen vanzelfsprekendheid. Ze begint met de weigering om te zeggen: 'Zo is het nu eenmaal.'
5. **Niemand staat boven de wet.** Geen premier, geen Kamerlid, geen miljardair. De wet beschermt niet alleen tegen misdaad, maar ook tegen willekeur, arrogantie en overmoed. Juist wie veel macht heeft, moet zich houden aan het recht. Anders is democratie een schijnvertoning.
6. **De waarheid gaat voor.** Politici moeten het eerlijke verhaal durven vertellen, ook als anderen dat niet doen. Liberalisme vraagt moed om niet alleen te zeggen wat mensen graag horen. En om leugenaars genadeloos te ontmaskeren, ook als ze populair zijn. Zachte

heelmeesters maken stinkende wonden.

7. **Minderheden worden beschermd.** Zonder bescherming van minderheden is democratie slechts de tirannie van de meerderheid.[1] Afwijken in kleur, geloof of overtuiging mag nooit betekenen dat je rechten wankelen. Vrijheid heeft alleen waarde als zij wordt gedeeld; daarom is gelijkheid geen bijzaak, maar de tweede pijler van het liberalisme.
8. **Onderwijs levert beschaving.** Scholen zijn plekken waar burgers leren denken, twijfelen, spreken met respect en luisteren zonder angst. Goed onderwijs kweekt geen volgzame mensen, maar zelfstandige geesten: weerbaar, nieuwsgierig, bereid hun eigen gelijk ter discussie te stellen. Het klaslokaal is ons krachtigste wapen tegen onverschilligheid en hufterigheid.

Misschien kun jij je vinden in deze waarden. Of misschien zie je jezelf weliswaar als liberaal, maar geef je daar een andere invulling aan. Dat kan. Want liberalisme is geen in steen gebeitelde doctrine, geen catechismus met geboden en verboden. Het is geen handboek, maar een *gesprek*. Een levend idee, dat alleen blijft bestaan zolang er debat over is. De principes hierboven zijn mijn inzet voor dat debat.

De VVD noemt zichzelf al decennialang de liberale partij van Nederland. Haar wetenschappelijk bureau, de Teldersstichting, publiceerde door de jaren heen talloze bespiegelingen over het liberalisme.[2] In de nazomer van 2025 schrijft de VVD in haar verkiezingsprogramma nog altijd dat haar liberale waarden 'niet onderhandelbaar' zijn. Daarmee plaatst zij zich nadrukkelijk binnen het liberale gesprek.

Dit boek pretendeert niet de ultieme vorm van het liberalisme te verkondigen. Maar waar liberale principes botsen met electorale prikkels, kiest de VVD vaak voor het kortetermijnbelang, en verdringt emotie niet zelden de stem van de rede. Dat noem ik onliberaal handelen: paraderen met het etiket 'liberaal' terwijl de inhoud wordt uitgehold.

Wat ik daarmee bedoel, laat ik in vijf hoofdstukken zien. Zoals de VVD Geert Wilders omarmt zodra dat electorale winst lijkt op te leveren. Zoals ze zich profileert als stem van hardwerkende Nederlanders, maar weinig tastbaars voor die groep bereikt. Zoals ze steevast te laat komt op grote thema's als Europa, klimaat en het homohuwelijk. Zoals ze vrijheid versmalt tot 'doen wat je wilt', gemak zonder verantwoordelijkheid. En zoals ze bij migratie keer op keer grote woorden spreekt, maar zelden problemen oplost.

Er zijn binnen de VVD wel mensen die bij willen sturen. Neem Klaas Dijkhoff: oud-fractievoorzitter, scherpzinnig, met ironie en zelfspot. In de zomer van

2025 deed hij met zijn initiatief Voor Ons Nederland een serieuze poging om het politieke midden nieuw leven in te blazen. Dat verdient waardering. Want ook hij ziet het: de liberale erfenis staat onder druk.

Maar toch, er wringt iets. Dijkhoffs kritiek klinkt voorzichtig. Alsof hij zijn hand nog altijd beschermend boven het hoofd houdt van een partij die inmiddels zelf deel is geworden van het probleem dat hij signaleert. Alsof hij wel ziet wat er scheef zit, maar niet hardop wil zeggen wie het scheefgetrokken heeft.

Ik houd geen hand boven een hoofd; ik heb een mes tussen mijn tanden. Om de acties van de VVD te fileren. Om af te pellen waar het woord 'liberaal' is gaan rafelen. Om bloot te leggen wie eraan heeft geknaagd.

Je kunt dit boek lezen als een pittig gesprek met de liberale VVD'er. Ik ken er veel. Stijn, die je al ontmoette. Maar bijvoorbeeld ook Emile, mijn schoonvader uit Valkenburg. Hij is precies de hardwerkende Nederlander over wie de partij zich zegt te ontfermen.

Misschien ben jij ook zo iemand. Of misschien heb je zelf niets met de VVD, maar heb jij je eigen Stijn of Emile; een liberale vriend, ouder of collega met wie je politiek lang niet altijd op één lijn zit, maar die je respecteert. En hij of zij kan zich vandaag terecht afvragen: vertegenwoordigt deze partij mijn waarden wel?

Waarom zou iemand zich vandaag nog met droge ogen verbinden aan een partij die het eigenbelang tot hoogste waarde heeft verheven? Die haar eigen principes louter opvoert als decorstukken? Wat stelt dat liberale anker nog voor als het steeds wegdrijft zodra de wind draait? De tijd van zalvende woorden over deze VVD is voorbij.

Toch gaat dit boek niet alleen over VVD-stemmers. Het liberalisme vraagt ook aandacht van wie zich er nooit mee verbonden voelde. Want of jij nou geïnteresseerd bent in het liberalisme of niet: het liberalisme is geïnteresseerd in jou. We leven in een liberaal land, nog wel. Wat 'liberaal' betekent, is geen detail voor politieke fijnproevers, maar raakt aan hoe we samenleven.

Een werkelijk liberale partij is in tijden van populisme niet alleen een concurrent, maar ook een bondgenoot van sociaaldemocraten en christendemocraten. Zonder een uitgesproken liberale partij verzwakt het hele brede midden. Dit boek is voor iedereen die voelt dat er iets op het spel staat.

De VVD staat op een kruispunt. Tussen het brede midden, dat soms zijn eigen fouten nog moet erkennen, en de duizendmaal ergere kwakzalvers van de PVV, die het verschil tussen redelijkheid en rancune voorgoed proberen uit te wissen.

Wat is er nog over van het liberalisme in Nederland? Wat zou het kunnen zijn? Wat moet het durven worden?

Dáár gaat dit boek over.

1

De VVD verpatste haar ziel aan Wilders en verkwanselde het liberalisme

'The saddest day of your life is when you decide to sell out and nobody wants to buy.' – Norman Spinrad, *Bug Jack Barron* (1969)

Er zijn van die vragen die niemand je stelt, totdat je in het buitenland woont. Vragen waardoor je ineens merkt dat iets wat je altijd vanzelfsprekend vond, eigenlijk lastig uit te leggen is.

Onlangs vroeg een Amerikaanse politicoloog in Oxford mij: 'Wat is dat eigenlijk voor een partij, de VVD?'

Nou ja, zei ik, de VVD is in principe een liberale partij. Ze willen een overheid die het individu veel ruimte laat, vinden dat hard werken beloond moet worden, en zijn op sociale kwesties – zoals vrouwen- en homorechten – progressief. In de geest van de Verlichting geloven liberalen dat ons verstand leidend moet zijn, niet ons gevoel.

'Liberaal? Is de VVD dan de tegenpool van *Kiert Vilders*?'

Nee. Nou ja, niet helemaal, dacht ik hardop. Jarenlang wilden ze uit principe niet met Geert Wilders regeren, maar bij de verkiezingen in 2023 hielpen ze hem juist aan de macht. En nu ik beter nadenk over hun opvattingen, lijkt de VVD op veel punten misschien eerder conservatief dan liberaal. Zo wordt hard werken lang niet altijd beloond – in tegenstelling tot geluk. Je zou ze kunnen vergelijken met de Britse Conservatieve Partij, de partij van Margaret Thatcher. Maar dan met een biertje, een polo en een glimlach.

Hij keek me glazig aan. 'Zijn ze nou liberaal of conservatief? Dat zijn toch twee heel verschillende dingen.'

Het, eh, hangt ervan af, zei ik. Ik kom erop terug, beloofde ik.

Wat is dat eigenlijk voor een partij, de VVD?

Ik kom uit een links nest: een vader die vakbondsman was, een moeder die opvoedkundige is, allebei PvdA. Toch groeide ik op met het beeld van de VVD als een degelijke partij. Ze nam verantwoordelijkheid, had intellectuele leden in de gelederen, en stond pal voor de rechtsstaat – die werd gerespecteerd, zelfs verdedigd. Thuis waren we het met de VVD vaak hartgrondig oneens, maar over veel zaken zaten we vermoedelijk op dezelfde lijn. Een coalitie met zowel VVD als PvdA voelde daarom niet vreemd.

Onder Mark Rutte begon dat beeld te kantelen. Bijvoorbeeld door zijn poging om de dividendbelasting af te schaffen, een voorstel dat in geen enkel verkiezingsprogramma stond, maar ook door forse bezuinigingen op de rechtsbijstand, en vrij spel voor de gokindustrie. En door de Toeslagenaffaire, waarin de staat duizenden gezinnen als fraudeurs bestempelde, kinderen uit huis plaatste en families financieel verwoestte. Dat was natuurlijk geen schandaal dat alleen de VVD kon worden aangerekend, maar de partij kwam er allerminst ongeschonden uit.[3]

En wat er in de twee jaar ná het vertrek van Rutte gebeurde, maakte het voor mij definitief onmogelijk de VVD nog een liberale partij te noemen.

Nareis op nareis op nareis

Het was 16 maart 2021. Mark Rutte zat al meer dan tien jaar in het Torentje toen de exitpolls van de Tweede Kamerverkiezingen binnendruppelden. Twee maanden eerder was zijn derde kabinet gevallen over het Toeslagenschandaal. Symbolisch, leek het, zo vlak voor de verkiezingen. Er woedde een pandemie. Nederland zocht houvast bij Rutte, die zich presenteerde als de kapitein die kalm koers hield op woelige wateren. De VVD bleef met afstand de grootste.

Met 34 zetels liet de VVD de rechterflank – PVV, Forum, JA21 – ver achter zich (samen goed voor 28 zetels). De coalitie van VVD, D66, CDA en ChristenUnie behield niet alleen haar meerderheid, maar vergrootte die zelfs een tikje. Toch was het onderlinge vertrouwen sinds de val ver te zoeken. Na een tergend lange, chaotische formatie verscheen het nieuwe kabinet pas in januari 2022 op het bordes.[4]

Het regeerakkoord van Rutte IV werd een product van de poldermachine, doordrenkt van compromissen. De invloed van D66, dat flink had gewonnen, was duidelijk. Nederland moest 'klimaatkoploper' worden en de zichtbare euroscepsis zou plaatsmaken voor een ambitie om juist het voortouw te nemen in de Europese Unie.

Er zouden jaarlijks 100.000 nieuwe woningen verrijzen, kinderopvang zou voor vrijwel iedereen gratis worden, er kwamen forse investeringen in infrastructuur, kerncentrales zouden uit de grond worden gestampt, en de basisbeurs zou terugkeren.

Over bepaalde zaken leken de vier partijen in Rutte IV uitgesproken eensgezind. 'Wij keren ons af van retoriek die is gericht op het beschadigen van personen,' stond in het akkoord, 'en zullen ons uitspreken tegen kwetsend en dreigend taalgebruik.'

Geert Wilders noemde het vanaf de zijlijn resoluut een 'nachtmerrie voor Nederland'.

In de zomer van 2023, na anderhalf jaar, kwam de VVD plotseling met nieuwe eisen voor het asielbeleid. Klaar met het gepolder. Omdat de andere coalitiepartijen het niet over de nieuwe eisen eens konden worden, viel voor Rutte IV het doek. Toenmalig PVV-Kamerlid Fleur Agema zei daar later over: 'Het kabinet is gevallen op een onderwerp waar [de VVD] niet voor is opgericht en wij wel.'[5]

Een dag na de val van het kabinet, op 8 juli, verscheen Dilan Yeşilgöz (toen niet alleen demissionair minister van Justitie en Veiligheid, maar ook de hoofdonderhandelaar van de VVD op het gebied van asiel) aan tafel bij *Op1*. Daar gaf ze haar versie van wat er was misgegaan.

Een groot probleem, stelde ze, was de gestapelde nareis. Ze gaf een voorbeeld: stel, een vrouw komt met haar twee kinderen naar Nederland. Dan volgt de vader. Die heeft inmiddels een nieuwe vrouw, met eigen kinderen, vervolgde de VVD-leider, en die vrouw is weer verantwoordelijk voor haar bejaarde ouders, die dus ook naar Nederland komen.

Kortom, waar je denkt slechts één gezin te verwelkomen, blijken het er al snel drie te zijn. En Nederland laat het allemaal maar gebeuren! Geen wonder dat het een bende is in Ter Apel: elke asielzoeker is een matroesjkapop met nog eens tien asielzoekers erin. 'Het gaat over nareis op nareis op nareis,' concludeerde Yeşilgöz. Echt 'heel veel'.

Waar ze die cijfers precies vandaan had, bleef onduidelijk. Maar de boodschap was helder: 'heel veel' was té veel, en genoeg was genoeg.

'Met een partij die dat vindt kan de VVD onmogelijk regeren', toch?

Mark Rutte was inmiddels ruim de helft van mijn leven minister-president geweest, van mijn twaalfde tot mijn vijfentwintigste levensjaar. En Geert Wilders had al die tijd fanatiek aan de weg naar het Torentje getimmerd. Na de mislukte samenwerking met de PVV in 2012 leek het erop dat Rutte zijn lesje had geleerd.

Toen de Tweede Kamerverkiezingen van 2017 achter de rug waren, legde hij informateur Herman Tjeenk Willink glashelder uit waarom de VVD niet nog eens in zee zou gaan met de PVV van Wilders.

> Geachte heer Tjeenk Willink,
>
> U verzocht mij aan te geven op welke inhoudelijke gronden de VVD niet beschikbaar is voor

een coalitie die voor een meerderheid in het parlement is aangewezen op de PVV.

1. De eerste reden is dat Geert Wilders de afgelopen jaren in toenemende mate is verhard in het afwijzen van de liberale kernwaarden van ons land. Hij heeft stelselmatig bevolkingsgroepen beschimpt en beledigd. Denk aan zijn uitspraak over minder Marokkanen. Hij heeft gepleit voor het inperken van grondwettelijke vrijheden van mensen, zoals de vrijheid van godsdienst door alle moskeeën te willen sluiten en de Koran te willen verbieden. Met een partij die dat vindt kan de VVD onmogelijk samen regeren.

2. De tweede reden is dat hij instituties die de basis vormen van onze democratische rechtsstaat ondermijnt. Hij heeft de Tweede Kamer bij herhaling een nepparlement genoemd. Hij heeft bij voortduring de onafhankelijkheid en daarmee het gezag van de rechterlijke macht ondermijnd door rechters van een politieke agenda te betichten (neprechters). Met een partij die instituties ondermijnt kan de VVD niet regeren.

3. De derde reden is dat Geert Wilders er blijk van heeft gegeven geen verantwoordelijkheid te

willen nemen. Dat is gebleken toen hij wegliep uit het Catshuis. Ook in de jaren daarna heeft de heer Wilders niet laten zien constructief te willen meewerken aan oplossingen voor de grote problemen waarvoor Nederland zich geplaatst zag. Voor het vormen van een stabiele regering is wederzijds vertrouwen onontbeerlijk en dat ontbreekt.

Voor al deze drie redenen geldt bovendien dat zij de afgelopen jaren sterker zijn geworden. De overtuigingen c.q. uitspraken van de heer Wilders zijn namelijk niet milder, maar juist radicaler geworden. Dit betekent voor de VVD dat regeren met de PVV niet mogelijk is.
Precies deze constateringen maken dat de VVD ruim voor de verkiezingen volkomen duidelijk is geweest niet beschikbaar te zijn voor een coalitie die voor een meerderheid in het parlement is aangewezen op de PVV. Verondersteld mag worden dat veel kiezers deze wetenschap – op welke wijze dan ook – hebben meegewogen in hun stemkeuze.

Met vriendelijke groet,
Mark Rutte[6]

De PVV stond wat de VVD betrof dus aan de zijlijn, en moest daar koste wat kost blijven staan. Geert Wilders fungeerde op het politieke toneel als de zonderlinge kennis op verjaardagen die telkens hetzelfde riedeltje afsteekt: vervelend, voorspelbaar, en door weinigen gemist als hij een keertje niet komt opdagen. In de peilingen schommelde de PVV rond een magere twaalf zetels.[7]

Maar in de zomer van 2023, terwijl Rutte zijn focus voorzichtig verlegde van Den Haag naar Brussel, haalde zijn opvolger Yeşilgöz de brief aan Tjeenk Willink door de papierversnipperaar. Op vrijdag 18 augustus liet ze plotseling weten dat de samenwerking met de PVV niet langer uitgesloten was, een maand nadat toenmalig Tweede Kamerlid Ruben Brekelmans al spontaan hintte op een koerswijziging.[8] Een partij op voorhand uitsluiten was plotseling 'Haags gedoe', zei Yeşilgöz. 'Eerst zien waar de heer Wilders mee komt. Ik ben vooral bezig met: wie zit er aan tafel met welke bedoelingen?'

De heer Wilders en zijn bedoelingen waren in de tussentijd geen spat veranderd. In 2021 had de PVV-leider nog maar eens benadrukt dat hij 'in geen honderdduizend jaar' excuses zou aanbieden voor zijn beruchte 'minder Marokkanen'-uitspraak, waar hij tot aan de hoogste rechter voor veroordeeld werd. En het vonnis van de Hoge Raad vervolgens 'een schandvlek voor de rechtsstaat noemde'. Ook het nieuwe verkiezingsprogramma van de PVV loog er niet om: 'Geen islamitische scholen, korans en moskeeën', 'De Klimaatwet, het Klimaatakkoord en alle andere klimaatmaatregelen gaan direct door de shredder' en 'De PVV wil een bindend referendum over Nexit'.

De PVV zoals we haar kennen: zelden oplossingsgericht, soms verwerpelijk en meestal onverstandig. Dat is geen reden om haar aanhang niet te willen doorgronden. Integendeel: het forse kiespotentieel verdient serieuze analyse (ik wijd er mijn proefschrift aan). Maar er is een verschil tussen je oor *te luisteren leggen* en je oren *laten hangen*. De VVD onder Yeşilgöz deed het laatste.

Ondertussen zei demissionair premier Rutte tijdens het vragenuurtje tegen de pers dat hij zijn opvolger volledig steunde. Aan zijn brief aan Tjeenk Willink had hij geen actieve herinnering meer. 'De tijd schrijdt voort,' zei Rutte. De dingen veranderen.

Niet Wilders, maar de VVD was dus veranderd. Die had naar eigen zeggen schoon genoeg van 'waterige compromissen' met partijen als D66 en de ChristenUnie. 'Daar hebben we simpelweg geen tijd meer voor,' verklaarde Yeşilgöz op het VVD-congres. De tijd die er was, werd gereserveerd voor die ene grote opdracht in het landsbelang: asielzoekers buiten de deur houden.

De titel van het VVD-verkiezingsprogramma in 2023: *Ruimte geven. Grenzen stellen.* Het doel: grip op migratie. 25 voorstellen, allemaal gericht op asielzoekers. Soms redelijk, zoals het verkorten van procedures en het stoppen met versterken van instanties. Maar soms ook drastisch: van het versoberen van opvang voor kansarme asielzoekers tot het omkeren van de bewijslast, en van het uitlezen van mobiele telefoons tot het tijdelijk maken van alle vergunningen. Individuele vrijheid: heel belangrijk. Maar niet voor asielzoekers.

'De migratie moet aangepakt worden, anders gaan we niet het kabinet in,' bezwoer Yeşilgöz in *De Telegraaf.* Tijdens die campagne voelde ze zich niet gehinderd door iets triviaals als de waarheid. In november 2023 herhaalde ze in *de Volkskrant* de claim over 'duizenden' nareizigers op nareizigers. De VVD maakte asiel tot inzet van de verkiezingen, en plaatste het boven aan de campagne-agenda van Nederland.

Die campagne werd een daverend succes. Voor de PVV dan. De partij die al ruim zeventien jaar dezelfde boodschap predikt, hoorde haar geluid nu plots galmen uit de mond van de VVD. Het resultaat: 37 zetels.

Experts zeggen het al jaren: wie radicaal-rechts napraat, wordt door radicaal-rechts ingehaald. Ziedaar het verschil tussen je oor te luisteren leggen en je oren laten hangen.

Yeşilgöz gooide de liberale principes van de VVD te grabbel. Ze had gegokt en verloren. En toen moest de formatie nog beginnen.

De nieuwe VVD. Nu: zonder ruggengraat

De prioriteiten van de VVD konden voorafgaand aan de formatie niet eenduidiger zijn. Een nieuwe coalitie moest één ding doen: het aantal asielzoekers terugdringen, strenger dan ooit. Geen slappehanddrukakkoorden en drijfzanddeals, maar snoeihard, rechtlijnig migratiebeleid. Iets wat met de PVV wel moest lukken.

Niemand zag dan ook aankomen dat Dilan Yeşilgöz twee dagen na de verkiezingen aankondigde dat de VVD níet wilde deelnemen aan een nieuw kabinet. Opeens was het alsof het haar die hele campagne niet zozeer om asielmaatregelen was gegaan – die lagen nu binnen handbereik – maar om iets anders. Haar eigen ambitie. Zodra de verhuizing naar het Torentje niet door bleek te gaan, leek grip op migratie geen prioriteit meer.

Voor haar dan, want de kiezer dacht daar anders over. Dankzij Yeşilgöz' harde taal tijdens de campagne stond inmiddels 84 procent van de VVD-kiezers open voor samenwerking met de PVV.[9] Ze was zo overtuigend geweest in haar Wilders-act, dat haar achterban erin was gaan geloven. Zij had deze hut opgetrokken; nu moest ze erin gaan zitten.

In februari 2024, drie maanden na de verkiezingen, bleek dat Yeşilgöz de cijfers over nareis op nareis die ze bij *Op1* en *de Volkskrant* noemde uit haar duim had gezogen. Een rapport van de Immigratie- en Naturalisatiedienst (IND) toonde dat in het hele jaar van de kabinetsval de aanvragen van tien (!) nareizigers van nareizigers waren ingewilligd. Tien. Daar kun je nog niet eens een fatsoenlijke pot volleybal mee spelen. Er hadden zich dat jaar 170 van zulke gevallen gemeld, van wie er slechts 6 procent werd toegelaten.

En 2023 was bepaald geen uitschieter: over een periode van vijf jaar ging het in totaal om 350 personen. Niet per kwartaal. Niet per provincie. Nee, in totaal.

Laat dat even bezinken: kabinet-Rutte IV viel mede over een groep asielzoekers die ongeveer net zo zeldzaam is als de korenwolf. Het verhaal van Yeşilgöz was een overdrijving op overdrijving op overdrijving. Bovendien had ze in januari de juiste cijfers gekregen, maar had ze haar uitspraken niet gecorrigeerd. Feiten, fictie, lekker boeiend. De VVD denderde door.

Toen het IND-rapport eenmaal boven tafel kwam en de ballon definitief werd doorgeprikt, verwachtte ik dat het einde oefening was voor Yeşilgöz.

Maar er kwamen geen excuses. Integendeel: de partij haastte zich om de leugens te bagatelliseren. De val van het kabinet was toch al onvermijdelijk geweest, leugen of geen leugen.[10] Labrador Ruben Brekelmans, nooit ver uit beeld wanneer er bij de VVD een knoeiboel moet worden opgelikt, haastte zich om de geschiedenis te herschrijven bij Sven Kockelmann op Radio 1. Volgens hem was 'nareis op nareis' geen breekpunt geweest, maar slechts één extreem voorbeeld.

Gelukkig hebben we de bonnetjes nog. In een debat op 10 juli 2023, drie dagen na de val van het kabinet, noemde demissionair premier Mark Rutte zélf 'nareis op nareis' als een van de 'twee cruciale onderdelen' waarover 'geen overeenstemming' was bereikt.[11]

Een ongelukkige verspreking van de doorgewinterde premier? Welnee. Rutte was glashelder: ze hadden 'een heel eind kunnen komen als we het probleem van nareis en nareis op nareis hadden kunnen oplossen. Maar nareis, en zeker nareis op nareis, was nog niet opgelost.'[12]

Met andere woorden: eerst loog Dilan Yeşilgöz over nareis op nareis. Toen zij de juiste cijfers ontving, weigerde ze haar leugens recht te zetten. In plaats daarvan kwam Ruben Brekelmans met een zalvend verhaal dat opnieuw aantoonbaar onjuist is. Het appèl op de onderbuik kreeg voorrang op het verstand.

Na ze tijdens de campagne een voor een uit het raam te hebben gegooid, legde Yeşilgöz tijdens de formatie ineens weer principes op tafel. De VVD wilde best meeregeren, stelde ze, maar niet met Geert Wilders als premier. Tot dat besluit kwam Yeşilgöz samen met

NSC-leider Pieter Omtzigt, de man die zich graag profileerde als hoeder van de rechtsstaat.

VVD en NSC zouden de PVV de sleutels van de ministerraad geven, met als voorwaarde dat Geert Wilders in de Tweede Kamer bleef. Wilders stemde tandenknarsend in.

Als liberaal zat ik natuurlijk niet te wachten op een coalitie met de PVV, om de redenen die Mark Rutte in zijn brief uiteenzette. Maar nu die partij de grootste was, zou het misschien juist wel verstandig zijn om Geert Wilders de boel te laten aansturen: een duidelijk gezicht van het populistencircus, met minder kans om zijn handen in onschuld te wassen bij het onvermijdelijke falen.

Jarenlang had Wilders ongehinderd de vleesgeworden oppositie mogen uithangen met simpele, onweerstaanbare voorstellen, die zelden de praktijktest hoefden te doorstaan. Gesloten grenzen, lagere AOW-leeftijd, afschaffen van de energiebelasting, btw op boodschappen naar nul, huren omlaag, accijnzen omlaag, vliegtaks weg, eigen risico afgeschaft. Mínder belasting, méér uitgaven. De boekhoudkunst van een kaketoe: luidruchtig en incoherent.

Maar die tijd leek nu voorbij. De grote winnaar van de verkiezingen, Geert Wilders, zou nu toch zélf aan zet zijn. Sterker nog: hij kon nauwelijks níet het gezicht worden van het nieuwe kabinet. Totdat Yeşilgöz en Omtzigt daar een stokje voor staken.

Het bleek misschien wel de grootste strategische blunder van Yeşilgöz. Door Wilders buitenspel te zetten, kreeg hij juist de ideale positie: invloed zonder aansprakelijkheid. Wilders kon zijn ministers keer op keer, woord voor woord influisteren wat ze moesten zeggen, en wie afweek kreeg ervanlangs met een opgerolde *Telegraaf*, maar als er iets misging, bleef hij buiten schot.

De kiezer kreeg bovendien niet Wilders als premier, maar wel PVV'er Reinette Klever op Ontwikkelingssamenwerking, een ministerie dat ze naar eigen zeggen liever zou opheffen. PVV'er Chris Jansen, die nog altijd fier achter de 'minder Marokkanen'-uitspraken van Wilders stond, werd staatssecretaris van Infrastructuur en Waterstaat. En Marjolein Faber kreeg de leiding over het nieuwe ministerie van Asiel en Migratie, nadat ze afstand had genomen van de racistische complottheorie 'omvolking' die ze eerder had gebezigd. De VVD kreeg vier belangrijke ministersposten, waaronder Financiën, Defensie, Klimaat en Justitie & Veiligheid. Topambtenaar Dick Schoof, voorheen PvdA maar inmiddels partijloos, werd minister-president.

'Dames en heren, we schrijven geschiedenis vandaag,' zei Wilders bij de presentatie van het regeerakkoord op 16 mei 2024. 'En de zon gaat weer schijnen in Nederland.'

Dilan Yeşilgöz sloot zich daarbij aan: 'Ik dacht: dit is de kans voor de VVD om op een aantal thema's echt stappen te zetten' en 'onze liberale basisprincipes, die wij vanaf dag één hebben ingebracht, staan fier overeind'.

Kabinet-Schoof: een 2 voor de moeite

De verlanglijst van kabinet-Schoof was imposant. Het eigen risico zou meer dan gehalveerd worden. Er kwam een ongekend omvangrijk pakket om grip te krijgen op migratie. De lasten zouden omlaag gaan voor hardwerkende Nederlanders. Er werd ingezet op een flinke impuls voor woningbouw en de energietransitie. De democratie ging op de schop met een constitutioneel hof én een nieuw kiesstelsel.

Maar hoe hoog de ambities ook reikten, het eerste jaar leverde nauwelijks tastbare resultaten op. Concreet en uitvoerbaar beleid bleef op de meeste terreinen uit. Het kabinet handelde geregeld ondoordacht en grillig; symboliek en beeldvorming kregen vaker voorrang dan plannen of consistentie.

Neem de aanpak van de wooncrisis, bij de verkiezingen van 2023 nog het belangrijkste thema voor kiezers.[13] In het hoofdlijnenakkoord stond nog daadkrachtig: 100.000 woningen per jaar. Een belofte die (zoals bekend) al onder Rutte IV op tafel lag en waar

CDA-minister Hugo de Jonge toen al aan werkte, totdat het kabinet voortijdig viel. Mona Keijzer, de kersverse minister van Wonen, pakte voortvarend uit met een 'woontop' in Nieuwegein. Daar bracht ze bestuurders, woningcorporaties en ontwikkelaars bij elkaar. Samen applaudisseerden ze voor de woningzoekenden. Keijzer stelde tevreden vast dat alle neuzen dezelfde kant op stonden.

Alle neuzen, behalve die in de coalitie. Want de fractievoorzitters speelden achter de schermen nog altijd koehandel over het beleid van de ministers.[14] Zij bezorgden de woningcorporaties in april 2025 een hartverzakking met een abrupt besluit om de sociale huren voor twee jaar te bevriezen, een initiatief van de PVV. Sympathiek op het eerste gezicht; funest in de praktijk. De corporaties sloegen direct alarm: dit plan zou uiteindelijk leiden tot 180.000 minder nieuwe woningen, of 1,6 miljoen huizen die niet geïsoleerd worden, omdat er veel minder geld zou binnenkomen dan begroot. De woningzoekende kreeg dan wel applaus; dat nieuwe huis kon hij op zijn buik schrijven. Door de val van het kabinet is deze bevriezing inmiddels van tafel.

Even terug naar Stijn, mijn oude VVD-stemmende vriend. Hij zoekt al jaren naar een eigen woning, maar woont nog altijd bij zijn vader in Bunnik. Toen Stijn zijn zoektocht begon, was de iPhone 6 het nieuwste model van Apple, was topvoetballer Lamine Yamal acht jaar oud en regeerde Barack Obama nog over Amerika. De meerderheid van de 21- tot 24-jarige Nederlanders woont nog bij hun ouders. Vaak tegen wil en dank: tussen 2021 en 2023 verlangden tienduizenden jongeren naar zelfstandigheid, minder dan de helft slaagde daarin.[15]

Stijn vormt dus geen uitzondering. Hij is onderdeel van een generatie die geen ruimte krijgt om haar bestaan vorm te geven met een eigen thuis. Hij staat inmiddels bijna zeven jaar ingeschreven bij Woningnet en laat me zijn aanbod zien. Twee plekken: één in Oudewater, één in Vianen. Bij de eerste is hij nummer 166 in de rij, bij de tweede 132. Er zijn ook lotingwoningen, vertelt hij, maar daar reageren vaak meer dan tweeduizend mensen op. Tegen de tijd dat Stijn bovenaan staat, verdient hij waarschijnlijk te veel om nog in aanmerking te komen voor sociale huur.

Hij ziet zichzelf absoluut niet als slachtoffer, want dat zit niet in hem, maar de beslissing van de coalitie frustreert hem. 'Dit vat in mijn ogen perfect samen hoe kortzichtig en naïef sommige maatregelen van de politiek kunnen zijn,' verklaart hij. 'De huurbevriezing werd namelijk al lang van tevoren als riskant benoemd door woningcorporaties zelf. Typisch dat het kabinet daar volledig aan voorbijgaat, en achteraf vrij pijnlijk.' Hij is teleurgesteld in de VVD.

En toch, woningbouw was slechts één symptoom van een kabinet dat wankelde op alle fronten. De stikstofcrisis bleef het land in haar greep houden. Het toeslagenstelsel bleef ondoorgrondelijk. En migratie? Afgezien van wat zinloze grenscontroles viel er weinig wezenlijks te melden.[16] Het zijn taaie dossiers, maar je verwacht op z'n minst dat er *iets* beweegt.

Wat lukte wel? Automobilisten mogen nu op vier 'kansrijke' trajecten met een totale lengte van 117 kilometer overdag 130 kilometer per uur rijden. En er zijn grenscontroles, die volgens de Algemene Rekenkamer niet leiden tot minder migratie.

Na amper elf maanden viel het doek voor het kabinet-Schoof. Op initiatief van... Geert Wilders.

Nooit eerder had Wilders zo veel ruimte gehad om zijn plannen te verwezenlijken. Zijn PVV zat in een coalitie met drie partijen die stuk voor stuk minder migratie wilden, en die hun handtekening hadden gezet onder het strengste toelatingsbeleid voor asiel ooit. Toch kwam Wilders eind mei 2025 ineens op de proppen met een vers pakket asielmaatregelen. Een tienpuntenplan. Alle grenzen zouden dicht moeten voor asielzoekers, waarvoor EU-regels tijdelijk terzijde geschoven moesten worden en het leger moest uitrukken. Een directe stop op gezinshereniging. Statushouders zouden uit asielzoekerscentra worden gezet, in de hoop dat ze onderdak zouden vinden bij familie of landgenoten. (Met andere woorden: ze zouden dakloos worden.) Volgens deskundigen waren de plannen grotendeels onuitvoerbaar én juridisch onhoudbaar.

Het was het vertrouwde geratel dat we van de Wilders uit de oppositiebankjes kennen. Toen de coalitiepartijen onvoldoende meegingen in zijn plannen, trok hij de stekker eruit. Een manoeuvre die verdacht veel leek op wat de VVD twee jaar eerder zelf deed, maar ditmaal uitgevoerd door de partij die kiezers wél met het migratiedossier associëren.

Voor de zoveelste keer maakte Wilders met zijn voorstellen en keuzes duidelijk: ik wijs liberale kernwaarden af, ondermijn de rechtsstaat en heb geen enkele intentie om daadwerkelijk constructief aan oplossingen te werken. Precies zoals Mark Rutte in 2017 formuleerde in zijn beruchte brief, die Yeşilgöz verscheurde.

Maar wat deed de VVD? Die zette zich niet af tegen Wilders' plannen. Integendeel: Yeşilgöz beweerde zelfs na de val van het kabinet dat het tienpuntenplan 'helemaal van de VVD was'. Om maar te zeggen: aan een hypothetische morele of pragmatische ondergrens van haar partij had het in elk geval niet gelegen.

Na 223 dagen formeren wist het kabinet-Schoof het land slechts 336 dagen te regeren. Nu is er in heel

Nederland vrijwel niemand meer te vinden die met droge ogen zal beweren dat dit een succesvol experiment is geweest. Eerder geldt het als een kleine maar hardnekkige smet op het blazoen van de parlementaire geschiedenis. De grote vraagstukken van deze tijd bleven onopgelost. Slechts 48 wetsvoorstellen haalden de eindstreep, minder dan de helft van wat Rutte III en IV in een vergelijkbare periode wisten te bereiken.[17] Er werd veel gebakkeleid, maar nauwelijks geregeerd.

'Het kabinet is gevallen, maar heeft het eigenlijk ooit gestaan?' vroeg Humberto Tan zich af. De leden van het RTL Nieuwspanel gaven het als rapportcijfer een 3,8. En dit was geen linkse klaagzang: ook kiezers van de coalitiepartijen konden er niet meer dan een 4,4 van maken. *Telegraaf*-journalist Wouter de Winther deelde een 2 uit 'voor de moeite', en noemde het in zijn podcast 'een beschamend slecht uitgevoerd experiment'. Volgens parlementair historicus Bert van den Braak was dit 'het zwakste kabinet ooit'.

Maar hoeveel van die kritische noten zullen uiteindelijk op het bordje van Geert Wilders belanden? Nauwelijks één. Wilders zat niet zelf in het Torentje, en kon zich dus blijven profileren als buitenstaander – dankzij Yeşilgöz en Omtzigt.

Wat is dat voor partij, de VVD?

Kort na de val van het kabinet werden nieuwe verkiezingen uitgeschreven. Al op zaterdag 14 juni 2025 was er weer een VVD-congres in Nieuwegein. Ik luisterde naar de toespraak van Yeşilgöz. Ze sprak ruim een halfuur. Opvallend genoeg ging het nauwelijks nog over asiel. Hét thema van de afgelopen jaren – het dossier waarvoor Rutte IV moest sneuvelen, waarop Yeşilgöz' verkiezingsprogramma gebouwd werd, waarvoor Wilders weer salonfähig werd verklaard, en waarop kabinet-Schoof gestoeld was – was plots gedegradeerd tot voetnoot.

Veiligheid en economie waren de nieuwe speerpunten. Vijf dagen eerder had Yeşilgöz bovendien laten weten dat de VVD niet opnieuw in zee zou gaan met de PVV en haar enige lid, dat in haar woorden 'de laffe route' had gekozen door op te stappen. Toevallig dezelfde route die zijzelf bewandelde in 2023 bij de val van Rutte IV.

Na haar toespraak verwachtte ik een stevige reactie van VVD-leden, een kritische reflectie na twee jaar van gezwalk en politieke zelfontbranding. Maar niets van dat alles. De aan slaafsheid grenzende loyaliteit aan de leider bleek, in tegenstelling tot haar asielkoers, werkelijk grenzeloos. Na afloop beloonde de partij als makke schapen haar lijsttrekker met een staande ovatie.

Wel richtte voormalig VVD-fractievoorzitter Klaas Dijkhoff met twee andere oud-VVD'ers een actiegroep op tegen populisme en antidemocratische partijen. Misschien had de partij dan toch haar lesje geleerd.

Maar begin juli 2025 loodste demissionair minister van Asiel en Migratie David van Weel een pakket asielmaatregelen door de Kamer waarmee het onder andere strafbaar wordt om ongedocumenteerde mensen te helpen via kerken of het Leger des Heils.

Gelukkig gaf Van Weel meteen aan dat hij, uhm, een deel van de wet niet zou uitvoeren, om NSC en de SGP mee te krijgen. Bovendien zou hij de Raad van State vragen een spoedadvies uit te brengen nadat de wet al was aangenomen (normaal doe je dat vooraf). Wat hier doorgaat voor wetgeving, zou op een middelbare school niet eens een voldoende krijgen bij maatschappijleer.

Ondertussen betichtte Dilan Yeşilgöz zanger Douwe Bob van 'Jodenhaat' nadat laatstgenoemde besloot niet op te treden bij een Joods voetbaltoernooi vanwege 'een zionistische poster'. De zanger vertrok uit Nederland na doodsbedreigingen, en Yeşilgöz deed alles, behalve excuses maken. Totdat Douwe Bob aankondigde een kort geding tegen haar aan te willen spannen.

Wat is dat voor partij, de VVD?

Een partij die een hele campagne lang niet het verstand aansprak, maar de angstige onderbuik bespeelde. Die samenwerking met partijen die de rechtsstaat beschermen, inruilde voor een club die hem aantast. Die een ministersploeg vol *adults in the room* inwisselde voor figuren als Marjolein Faber en Reinette Klever.

Maar bovenal: een partij die niet meer lijkt terug te vallen op principes of een ideologie, maar enkel zo nauw mogelijk probeert te volgen wat de volkswil vandaag dicteert, en hoe zij zich daar zo opportunistisch mogelijk toe kan verhouden.

Op het partijcongres stelde Yeşilgöz dat het volgende kabinet 'rechts-liberaal' moet zijn. En daarmee is de grap compleet. Want door de PVV uit te sluiten, rest de VVD straks weinig anders dan samenwerking met partijen uit het brede midden. Het CDA bijvoorbeeld, de ChristenUnie en D66. Zeg maar precies de club waar ze zelf laf van wegliep. *Sterker uit de storm* heet het VVD-partijprogramma voor de verkiezingen van oktober 2025. De storm die ze zelf heeft ontketend.

Inmiddels weet ik in elk geval wat de VVD níet is: een tegenpool van *Kiert Vilders*.

In juli 2025 sta ik met mijn schoonvader Emile, de VVD'er, in een veldje. Hij houdt een stok met een marshmallow boven de gloeiende houtskool van een barbecue die betere dagen heeft gekend. Het ruikt naar gras en rook. We praten over politiek, er komen nieuwe verkiezingen aan.

'Wat ga jij stemmen?' vraag ik hem. Hij fronst. 'Die hele show van Yeşilgöz, ik vond het afschuwelijk.' Hij knikt naar de krant op de picknicktafel, en tikt dan op zijn rechterbroekzak. 'Maar ik werk voor mijn geld,' zegt hij. 'En de VVD is de enige partij die dat nog lijkt te waarderen. De partij voor de hardwerkende Nederlander, toch?'

Daar, luisterend naar het gesis van de kooltjes, vroeg ik me af of die belofte wel is ingelost.

2

De VVD pronkt met de hardwerkende Nederlander, maar dient hem niet

'Aan luie mannen heb ik niks en daarom zeg ik ze opstaan' – Hef, 'Luie Mannen' (2008)

De hardwerkende Nederlander.

Dit allesverpletterende frame zag het levenslicht in augustus 2008, toen lijsttrekker Mark Rutte, na een hevige strijd tegen Rita Verdonk, een beginselverklaring neerkrabbelde voor zijn VVD. Centraal in die verklaring prijkte de 'hardwerkende Nederlander'. Die moest *zoveel mogelijk* van het *verdiende* geld naar eigen goeddunken kunnen besteden.

Een aanlokkelijk verhaal voor wie vroeg opstaat, de mouwen opstroopt en aan de slag gaat. Mensen zoals mijn schoonvader Emile, de kostwinner in het gezin waarin mijn vriendin Kaat is opgegroeid. Emile is advocaat in Zuid-Limburg en maakt al dertig jaar lange dagen. Hij stemt al jaren op de VVD. Nederland telt veel mensen als Emile.

De VVD, dat is de partij voor deze harde werkers. Althans, als je afgaat op verkiezingsposters, slogans en beloftes van lijsttrekkers. Met 'hardwerkende Nederlanders' doelt de partij doorgaans op mensen met een baan, bij voorkeur fulltime, die braaf inkomstenbelasting afdragen en met bloed, zweet en tranen (en een laptop) de economie en publieke voorzieningen overeind houden.

Sinds de verklaring van Rutte in 2008 heeft de VVD zich opgeworpen als beschermheer van de hardwerkende Nederlander, en bleef zij dit elke campagne erin hameren. Ook in 2025 staat 'Hardwerkend Nederland op één' dikgedrukt in het verkiezingsprogramma.

En dat heeft wat opgeleverd, moet gezegd. Sinds haar oprichting in 1948 is de partij van wijlen Frits Bolkestein en wijlen Hans Wiegel nog nooit zo invloedrijk geweest als de afgelopen vijftien jaar. Je kunt inmiddels gerust spreken van de partij van Mark Rutte.

Maar juist die lange periode van macht dwingt tot een nuchtere vraag: wat heeft de VVD sinds 2010 nu eigenlijk gedáán voor de hardwerkende Nederlander? Heeft de partij geleverd voor mensen als Emile?

Wie het VVD-verhaal vijftien jaar lang heeft aangehoord, zou verwachten dat je inmiddels meer overhoudt van je zuurverdiende centen. Dat hard werken meer loont dan geluk. Dat het eenvoudiger is geworden om die inkomsten om te zetten in een geschikte plek om te wonen. Dat de staat in VVD-handen waakte over elke euro belastinggeld.

Maar die verwachting botst hard op de realiteit.

Niet minder, maar méér belasting voor Nederlanders met een baan

In 2010 schreef de VVD: 'Prestaties op de arbeidsmarkt worden nu te weinig beloond.' Dat herhaalde ze woord voor woord in 2012.[18] In 2017: 'Werken moet veel meer lonen dan nu het geval is.' Bij Ruttes zwanenzang, in 2021, herhaalde de VVD het belang dat we 'werken ook echt lonender maken'. Ook zijn opvolger, Dilan Yeşilgöz, wilde in 2023 direct 'de belasting op werk verlagen'.

Het belangrijkste wapenfeit voor de VVD is misschien wel dat belastingen op inkomen en arbeid niet alsmaar door mogen groeien. Mensen moeten kunnen kiezen hoe ze hun zuurverdiende geld besteden, zonder dat de staat op elke straathoek komt bedelen om een plak van de taart.

Terug naar Emile, mijn hardwerkende schoonvader, de jurist. Net als jij en ik betaalt hij belasting over zo ongeveer alles wat hij ontvangt en bezit: over zijn boodschappen, zijn auto, zijn spaargeld, de nalatenschap van zijn ouders. En eerlijk is eerlijk: in Nederland krijg je daar redelijk wat voor terug. Sinds ik in Engeland woon, ben ik dat meer gaan waarderen. Daar stuit je op kapotte wegen, scholen die nauwelijks functioneren, en ziekenhuizen met ellenlange wachtlijsten. Het is haast een voorrecht om in Nederland belasting te betalen. Maar waar leg je de grootste last neer?

Vanuit een liberale gedachte ligt het antwoord voor de hand: werk moet lonen. Arbeid verdient meer waardering dan geluk. Wie elke dag vroeg opstaat en bijdraagt, zou meer moeten overhouden dan wie een huis of een aandelenportefeuille in de schoot geworpen krijgt. John Stuart Mill, een van de vroege liberale denkers, maakte al een onderscheid tussen verdiend en onverdiend inkomen: 'It is not the fortunes that are earned, but those which are unearned, that it is for the public good to lay under limitation.'

Toch wordt het ingewikkelder zodra arbeid en vermogen in elkaar grijpen. Stel: Emile heeft jarenlang hard gewerkt en wat geld opzijgezet. Nu belegt hij dat geld en krijgt daar rendement voor terug. Zijn die opbrengsten dan niet indirect een beloning voor zijn eerdere inzet? In zekere zin wel. Mensen moeten de ruimte krijgen om iets op te bouwen door hard te werken. Hen moet de overheid niet uitknijpen.[19]

Toch zou een euro die je vandaag verdient met je handen of hoofd, naar mijn idee fiscaal meer beschermd moeten worden dan een euro die ongemerkt groeit terwijl je op vakantie bent. Niet alleen vanuit het oogpunt van rechtvaardigheid – arbeid vereist inspanning, draagt direct bij aan de samenleving en is in veel gevallen onmisbaar – maar ook om puur praktische redenen. We leven in een tijd van structurele arbeidskrapte en een snel vergrijzende bevolking. Daarin kunnen we ons niet veroorloven om werken minder aantrekkelijk te maken dan rentenieren. Dat ondergraaft de prikkel om te werken en zet druk op een arbeidsmarkt die nu al piept en kraakt.

Als je naar de verkiezingsretoriek van de VVD kijkt, zoals ik eerder deed, dan lijken ze dit begrepen te hebben. Je zou dus verwachten dat de hardwerkende Nederlander vandaag méér overhoudt. Dat zijn loonstrookje zichtbaar is opgeknapt, en de staat een iets minder gretige greep doet in wat hij met noeste arbeid bijeen heeft gewerkt. Maar wat kwam hiervan terecht, terwijl de VVD vijftien jaar in de regering zat?

De lasten op inkomen en arbeid zijn niet gedaald, maar juist gestegen. En flink ook.

Terwijl de Nederlandse economie sinds het eerste kabinet-Rutte sterk is gegroeid, zelfs als je de inflatie meerekent, zijn de belastingen op werk nóg sneller toegenomen. Het deel van de economie dat de staat via inkomstenbelastingen binnenhaalt, is sinds 2010 zelfs wat groter geworden.[20] Belastingen op inkomen en arbeid zijn dus nog harder gegroeid dan het bruto binnenlands product.

Terwijl de VVD beloofde dat werken meer zou lonen, gebeurde dus het tegenovergestelde. En het is niet zo dat de lasten op arbeid altijd al stegen. Integendeel: tussen 1990 en 2000 daalden ze juist flink, onder de premiers Lubbers (CDA) en Kok (PvdA).

Extra pijnlijk is dat *werken* in ons land vaak al zwaarder belast wordt dan *rentenieren*. Als een rijkeluiskind een miljoen erft van zijn ouders, betaalt hij nog geen 20 procent belasting. Als het achteroverleunen van een aandeelhouder beloond wordt met dividend, staat hij daarvan minder dan 27 procent af. Als een huiseigenaar drie ton aan overwaarde heeft, betaalt hij bij verkoop geen cent belasting over wat hem zonder inspanning is toegevallen. Maar als je het waagt om harder te werken, en zo een hoger inkomen te verdienen, dan komt de blauwe brief extra hard aan, en wordt ongeveer de helft van je zuurverdiende extra centen afgesnoept,[21] voor een heel kleine groep tot wel 80 procent.

'Het bezit van aandelen, een huis of een erfenis die komt aanwaaien, loont daarmee vaak meer dan de veertigurige werkweek.' Niet mijn woorden, maar die van JOVD-voorzitter Mauk Bresser en zijn opvolger Friso van Gruijthuijsen, die in *de Volkskrant* betogen dat juist de hardwerkende Nederlander – voor wie de VVD zegt op te komen – er bekaaid van afkomt.

Aanvankelijk dacht ik nog: misschien ligt het niet aan de VVD. Die zelfverklaarde partij van de hardwerkende Nederlander zal zich toch wel hebben ingezet om die lasten zoveel mogelijk te verschuiven, weg van arbeid? Waren het misschien de coalitiepartners die de belasting op arbeid verhoogden?

Niet dus. Wie de doorrekening van de verkiezingsprogramma's door het Centraal Planbureau uit 2023 erbij pakt, ziet dat de VVD de lasten op arbeid en inkomen zelf verder laat oplopen,[22] terwijl sommige partijen (zoals GL-PvdA, Volt en D66) deze lasten flink verlagen. Tegelijkertijd verhoogt de VVD de lasten op vermogen en winst niet. Het waren andere partijen die wél een duidelijke verschuiving voorstelden: weg van arbeid, richting kapitaal. Voor die hardwerkende Nederlander, zeg maar. Slechts enkele keren verdedigde de VVD een eerlijker speelveld, zoals bij de internationale minimumbelasting voor multinationals.

Nu zijn er natuurlijk mensen die waarschuwen dat hogere belastingen op vermogen averechts werken. Kapitaal is vluchtig, hoor je dan. Belast het te zwaar, en het verdwijnt richting Monaco of Panama.

Of ze wijzen op erfbelasting: die zit vol met mazen, en strengere regels zouden daar niets uithalen. Zulke zorgen zijn redelijk.

Maar stel je nou eens voor dat er, ik noem maar wat geks, een koelbloedige, gezaghebbende econoom was die een gedetailleerd voorstel had uitgewerkt om precies die problemen te omzeilen. Een econoom die nuchter en precies in kaart zou brengen hoe je lagere belastingen op arbeid wél mogelijk kunt maken door belastingen op vermogen effectief te verhogen, zonder dat het geld meteen de grens over stroomt. Een manier om de hardwerkende Nederlander zoveel mogelijk te ontzien.

Die econoom bestaat. Zijn naam: Bas Jacobs. En zijn uitgewerkte voorstel dateert uit 2019.

Zijn plan, met onder andere een vermogenswinstbelasting in plaats van box 3, het afbouwen van de hypotheekrenteaftrek en een grondige hervorming van de erfbelasting, maakt ruimte voor een verlaging van de belasting op arbeid met maar liefst tien procentpunten voor alle belastingschijven.[23] Ik herhaal: TIEN PROCENTPUNTEN VOOR ALLE BELASTINGSCHIJVEN. Hard werken zou veel meer gaan lonen.

De partij die zich tegen vrijwel alle voorstellen van Jacobs verzet? De VVD. De partij zwaait royaal met retoriek over arbeid en inspanning, en doet zich voor als de partij van verdiensten, maar verdedigt in de praktijk vooral de voordelen van bezitten en stilzitten.

Je zou kunnen denken: logisch, de VVD is er immers voor de rijken. Maar dat klopt niet helemaal. Uit nieuw onderzoek van Ipsos I&O komt naar voren dat de VVD ook behoorlijk veel kiezers trekt uit de onderklasse en de middenklasse. Méér zelfs dan de links-progressieve partijen.[24] Veel harde werkers, zelfs met lage inkomens, stemmen op de partij van de rentenier.

Een partij die zich werkelijk voor de hardwerkende Nederlander zou inzetten, zou niet alleen willen dat zij zo veel mogelijk geld *overhoudt*, maar ook dat ze nuttige of prettige dingen met dat geld kan *doen*. Er is dus nog een tweede vraag: wat kun je, van wat je overhoudt, eigenlijk nog betalen? Dat begint bij een fijn thuis, met afstand de grootste uitgavenpost van de meeste Nederlanders.

Fijn wonen: iets voor rijkeluiskinderen, niet voor harde werkers

De kern van het liberale vooruitgangsgeloof is eenvoudig: dat het leven van je kinderen beter wordt dan dat van jou. Dat wie werkt, spaart en verantwoordelijkheid neemt, ook vooruitkomt. Niet door gunsten, maar door inspanning.

Die belofte wankelt zodra een fatsoenlijk huis buiten bereik raakt. Als een goed salaris en een vast contract niet meer genoeg zijn om zelfstandig te wonen, dus als jonge mensen noodgedwongen bij hun ouders blijven, dan rammelt er iets aan de basis. Dan is onafhankelijkheid geen persoonlijke keuze meer, maar een privilege dat steeds zwaarder leunt op het wiegje waarin je geboren bent. Dan is de liberale belofte niets meer dan een verhaal voor wie al binnen is, een verhaal onder gelijkgestemden.

Sinds het eerste kabinet-Rutte is de prijs van een huis omhooggeschoten. Tussen 2010 en 2023 steeg de gemiddelde prijs van een koophuis in Nederland van 254.000 euro naar 452.000 euro. In Amsterdam is het zelfs meer dan verdubbeld. Nu bestaat er natuurlijk zoiets als inflatie (algemene prijs- en loonstijging). Maar huizenprijzen stegen beduidend sneller dan de lonen. Met andere woorden: onder vier kabinetten-Rutte werd het voor gewone Nederlanders steeds lastiger om bij elkaar gewerkt inkomen om te zetten in een eigen onderkomen.

Nu kun je stijgende huizenprijzen absoluut niet op het conto van één partij schrijven. De woningmarkt wordt beïnvloed door rente, lonen, demografie, bouwkosten en een wirwar van andere factoren. Maar één belangrijk element is ook hoeveel huizen er worden gebouwd. Elke nieuwe woning betekent immers een nieuw thuis voor zoekende huishoudens.

Vrijwel alle partijen, de VVD voorop, roepen dan

ook al jaren dat er 100.000 woningen per jaar bij moeten komen. VVD-Kamerlid Daniël Koerhuis scandeerde het tot vervelens toe: 'bouwen, bouwen, bouwen'. Maar uitgerekend in de periode waarin de VVD op het hoogtepunt van haar macht zat, gebeurde het tegenovergestelde.

Daarbij speelde de VVD een opmerkelijke rol. Van 1982 tot 2010 beschikte Nederland over een ministerie van Volkshuisvesting, waar ervaren ambtenaren zich op landelijk niveau toelegden op bouwbeleid en in de gaten hielden of wonen betaalbaar bleef. Maar in 2010 schafte de VVD het ministerie af. 'Ik ben de eerste VVD'er die een heel ministerie heeft doen verdwijnen!' pochte oud-minister van Wonen Stef Blok. De belangrijke besluiten over huisvesting lagen al bij gemeenten en provincies, en Blok zag geen nut in nationale regie. Wat volgde? In de afgelopen zeventig jaar is er nooit zo weinig nieuwbouw gebouwd als in de eerste vijf jaar kabinetten-Rutte. De schuldencrisis speelde daarbij een hoofdrol, maar juist dan is landelijke regie nodig.

Naast het bouwen van nieuwe huizen gaat het ook om de vraag wie bestaande woningen kan kopen. Terwijl de huizenprijzen bleven stijgen en een prima inkomen geen garantie was op een woning, kregen schenkingen van ouders natuurlijkerwijs een steeds grotere rol toebedeeld. Een eigen huis werd niet langer iets wat je verdiende door hard te werken, maar iets wat je kreeg als je het geluk had dat je ouders konden meebetalen.

Een partij die het opneemt voor de hardwerkende Nederlander zou hier juist paal en perk aan moeten stellen. Maar de VVD deed het tegenovergestelde.

In plaats van de doorgeschoten en groeiende ongelijkheid te corrigeren, gooide de partij olie op het vuur. In 2013 en 2014 mochten ouders dankzij VVD-beleid belastingvrij een ton schenken voor de aankoop van een woning. De 'jubelton' was geboren. Niet de hardwerkende Nederlander, maar de verwende rijkeluistelg kreeg voorrang van de VVD. Wat bedoeld was als tijdelijke maatregel kostte de schatkist geen 104 miljoen euro, zoals begroot, maar tien keer zoveel.[25]

De VVD is meer dan 'de partij van Wassenaar, rijke mensen, asociaal beleid', zo betoogde Mark Rutte toen hij nog staatssecretaris van Sociale Zaken was. Zijn partij, vond hij destijds, was zelfs 'socialer dan de PvdA', omdat liberalen uitgaan van de kracht van ieder individu.

Maar toen de jubelton eenmaal was afgeschaft, kwam hij op aandringen van de VVD in 2017 gewoon weer terug, en werd zelfs ruimer dan voorheen. Pas bij de coalitieonderhandelingen in 2021 wist D66 af te dwingen dat de regeling werd afgebouwd. Op 8 juli

2025 kondigde de VVD doodleuk aan dat ze een terugkeer van de jubelton wel ziet zitten.

Uit onderzoek van econoom Sander de Vries (VU) blijkt dat in Nederland het inkomen van ouders sterker dan in veel andere westerse landen bepaalt waar kinderen later terechtkomen. In zo'n situatie roept een belastingvoordeel voor rijke families de vraag op: belonen we hiermee afkomst of inspanning?

Onlangs vroeg peilingbureau Ipsos 22.000 mensen in dertig landen of het met wonen de goede kant op gaat. Nergens waren de antwoorden zo somber als in Nederland. Minder dan een op de acht Nederlanders gelooft dat het beter wordt. Als de VVD de afgelopen jaren de hardwerkende Nederlander ergens werkelijk heeft laten vallen, dan is het op het gebied van wonen.

En dat doet ze nog steeds. 'Noodkreet economen: "Huizen nog duurder door woonplan VVD"' kopte het *Algemeen Dagblad* in juli 2025 over de nieuwe woonvisie van de VVD. 'Het is een mix van slechte ingrediënten van veertig jaar woonbeleid ineen,' zegt woningmarkteconoom Nic Vrieselaar van de Rabobank. 'Het is een opsomming van dingen die echt niet werken om de woningmarkt toegankelijker te maken. Ik ben onaangenaam verrast dat dit toch weer zijn weg vindt in een verkiezingsprogramma.'

Dus, ondanks alle beloftes houdt Emile een kleiner deel over van zijn loonstrook, en moet Stijn maar afwachten of hij met hard werk ooit een eigen huis kan betalen. Maar goed, van de VVD mag hij op z'n minst verwachten dat ze zorgvuldig omgaan met zijn belastinggeld, toch? Toch?

Bodemloze putten graven die belastingbetalers mogen vullen

Hardwerkende Nederlanders hebben er niet alleen baat bij dat hun inkomen groeit en hun grote kostenposten beheersbaar blijven, maar ook dat de overheid voorkomt dat er door uitgaven bodemloze putten ontstaan die de belastingbetaler moet blijven aanvullen.

Ook hier heeft de VVD gefaald, omdat de overheid jarenlang zelf de geldproblemen van mensen verergerde, waarna de belastingbetaler de boel mocht opdweilen.

De schuldenindustrie biedt een pijnlijk voorbeeld. Mijn onvolprezen collega Jesse Frederik documenteerde jarenlang hoe deze industrie nietige achterstanden van mensen met geldproblemen verandert in gigantische schuldenbergen.

Een gemiste afspraak met de logopedist van 29 euro zwelt aan tot een schuld van 877 euro. De aankoop van een kinderbedje voor 1200 euro verandert in een last van 8000 euro. Twee verkeersboetes van samen 2000 euro lopen op tot 15.000 euro. Vaak niet omdat mensen niet wílden betalen, maar omdat het systeem ontworpen leek om schulden op te stapelen. Een verdienmodel waar incassobureaus gretig van mee profiteerden.

Ironisch genoeg was de ergste boosdoener in de schuldenindustrie jarenlang niet een agressieve marktpartij, maar de overheid zelf. Betaling van je zorgverzekering gemist? Dan kwam er onmiddellijk 30 procent bovenop, terwijl incassobureaus hooguit 15 procent mogen berekenen. Daarvoor kun je niet één partij verantwoordelijk houden, ook niet de VVD; in 2009 stemde vrijwel de hele Kamer ermee in.

Maar toen de misstanden zichtbaar werden, kwamen er voorstellen. Moties om incassokosten te begrenzen. Amendementen om boetes te schrappen of schulden samen te voegen zodat ze niet eindeloos konden doorgroeien.

En wat deed de VVD? Die stond erbij, en hield alles tegen. Minister Ard van der Steur (Veiligheid en Justitie, VVD) speelde zelfs met het idee de tarieven voor deurwaarders op te hogen.[26]

Nederland telt nu 163.000 mensen die in armoede leven met problematische schulden.[27] Wie in de schulden raakt, verliest niet alleen geld, maar vaak ook overzicht, rust en grip op het bestaan. Maar zij zijn niet als enige de dupe. Uiteindelijk moet iemand het puinruimen bekostigen. En dat is: de belastingbetaler. Honderden miljoenen euro's per jaar gaan naar beschermingsbewind, schuldsanering, rechtbanken, bewindvoerders. En dan heb ik de indirecte kosten nog niet eens genoemd: uitkeringen, verzuim, geestelijke gezondheidszorg, dakloosheid, leerachterstanden, criminaliteit.

Dan is daar nog de Toeslagenaffaire. Als ergens zichtbaar werd hoe de overheid mensen eerst vastdraaide in schuld, en daarna zelf vastliep in herstel, dan was het wel daar. Niet alleen hun bankrekening werd uitgekleed, maar hun hele bestaan: kinderen uit huis geplaatst, gezinnen vermorzeld onder de wielen van een staat die zichzelf niet meer kon bijsturen.

Ook hier is een belangrijke nuance dat de Toeslagenaffaire niet het werk was van één kwaadwillende partij. Een parlementaire enquêtecommissie concludeerde later dat bestuurders, Kamerleden én journalisten elkaar hadden aangemoedigd om hard op te treden tegen fraude, en zo het slechtste in elkaar naar boven haalden.

Maar de VVD hield daarbij absoluut geen schone handen. De zogeheten Fraudewet, waardoor bijstandsgerechtigden en uitkeringsontvangers bij minimale foutjes de volledige uitkering terug moesten betalen en daarbovenop hoge boetes konden krijgen, kwam uit de koker van twee VVD-bestuurders.

De Toeslagenaffaire is in de eerste plaats afschuwelijk voor de slachtoffers. Maar inmiddels is ook de compensatieregeling voor gedupeerden een put zonder bodem. Meer dan 70.000 mensen hebben zich gemeld, van wie de helft al is erkend. Vrijwel iedereen aan wie opzet of grove nalatigheid werd verweten krijgt compensatie, in de veronderstelling dat de Belastingdienst het in al die gevallen bij het verkeerde eind had.

Erkende gedupeerden ontvangen standaard 30.000 euro, kwijtschelding van alle schulden, tussen de 2000 en 10.000 euro per kind, een integrale herbeoordeling (met mogelijk nog eens 30.000 euro extra) en een ruimhartige regeling voor 'werkelijke schade', waarbij bedragen van meer dan een ton geen uitzondering zijn. In 2022 was hiervoor nog zo'n 5 miljard euro gereserveerd. Inmiddels is dat bedrag opgelopen tot meer dan 10 miljard.

De compensatieregeling in Groningen toont een vergelijkbaar patroon. Door de gaswinning raakten duizenden huizen beschadigd. VVD-minister Henk Kamp had zelfs na de zware beving in Huizinge niet ingegrepen. Mark Rutte bood vier keer zijn excuses aan.

En net als bij de Toeslagenaffaire gaat het hier ook bij de compensatie mis. Waar vroeger de hoogte van schademeldingen nog grotendeels overeenkwam met voorspellingen van wetenschappers, is dat verband inmiddels volledig zoek. 'Sinds januari 2020 werd circa 70 procent van de schadeopnames gedaan in een gebied waar de kans op schade juist het kleinst is,' schreef het Instituut voor Mijnbouwschade in oktober 2020.

De rekening loopt op tot zo'n 20 miljard euro.[28] Dat is meer dan het Rijk jaarlijks uitgeeft aan *alle* subsidies samen.[29] Wie dat allemaal mag betalen? Juist: de hardwerkende Nederlander.

Natuurlijk, meerdere partijen droegen bij aan het ontstaan van zulke bodemloze putten.[30] Maar niet elke partij afficheert zich als hoeder van de schatkist, en als beschermer van de hardwerkende Nederlander.

Winsten voor aasgieren, kosten voor de belastingbetaler

Bij toeslagen en schulden was het de staat zélf die mensen klemzette. Maar op andere dossiers liet diezelfde staat juist te veel los, en gaf bedrijven vrij spel om toch al kale kippen nog kaler te plukken en de restschuld achteloos door te schuiven naar de hardwerkende Nederlander.

Een van de schrijnendste voorbeelden: online gokken.

Maak kennis met Django. Hij is 28 en alles kwijt.

Zijn relatie ligt in duigen, zijn zoontje mag hij nog maar twee keer per maand zien, hij woont onder toezicht. In een aflevering van BOOS van Tim Hofman vertelt hij hoe een verslaving zijn leven overnam. Django is een van de duizenden Nederlanders die inmiddels in behandeling zijn voor een gokverslaving.

In oktober 2021 legaliseerde Nederland online gokken én reclames daarvoor. De sluizen gingen open. Reclames nestelden zich op schermen, bushokjes en sportvelden. Sterker nog: de overheid stookte de markt op door belastinggeld te pompen in reclames voor (de facto) staatsbedrijven als TOTO en Holland Casino.

Studies tonen aan dat gokken geen onschuldige hobby is. Het kan leiden tot minder spaargeld, schulden en zelfs huiselijk geweld.[31] Beleidsmakers sloegen waarschuwingen van experts over de risico's van online gokken in de wind, grepen niet in toen het inderdaad misging en leken niet te beseffen dat verslaving vrijwel onomkeerbaar is.

Drie jaar na de legalisering van online gokken concludeerde het Wetenschappelijk Onderzoek- en Datacentrum (WODC) in een grootschalige evaluatie dat kwetsbare spelers onvoldoende zijn beschermd. De schade voor verslaafden en de rekening voor de samenleving is gigantisch, en loopt nog altijd op.

Hoe kon dit gebeuren?

In 2014 diende VVD-staatssecretaris Fred Teeven een wetsvoorstel in om online gokken te legaliseren. Illegale goksites brachten geen belastinginkomsten op en onttrokken zich aan toezicht. Door legalisering kon de overheid beter beschermen tegen verslaving.

Maar Teeven wilde niet alleen gokken legaliseren; hij wilde ook reclames toestaan. Zodat legale sites zo snel mogelijk 80 procent van de markt zouden veroveren. Een pleidooi voor gokreclames strookt niet bepaald met het streven naar minder mensen met een gokverslaving. Dat levert nogal verwarrende formuleringen op, zoals: 'Deze reclameactiviteiten mogen echter niet de deelname aan kansspelen stimuleren.'

Kamerleden als Carola Schouten (ChristenUnie) waarschuwden voor de gevolgen. Ze verwees naar Deens onderzoek dat vijf jaar na vergelijkbare legalisering een stijging van 350 procent liet zien van het aantal verslaafde jongeren. In de Eerste Kamer pleitte Tineke Strik (GroenLinks) voor een algeheel verbod op gokreclames. Maar de VVD wimpelde alle bezwaren weg.

In oktober 2021 trad de wet in werking. Onmiddellijk verschenen er 272.812 gokreclames op tv en internet, 115 procent meer dan een jaar eerder. Staatsbedrijven pompten 11 miljoen euro in campagnes om Nederlanders naar virtuele goktafels te lokken. Wesley Sneijder verscheen als 'Koning Toto' op speelkaarten, terwijl het aantal uren dat Nederlanders op goksites doorbrachten met 50 procent steeg.

Verslavingsklinieken sloegen alarm: sommige zagen 50 procent meer aanmeldingen. Veelal jonge mensen, diep in de schulden. Tweede Kamerlid Michiel van Nispen (SP) diende een motie in voor een reclameverbod, die verrassend genoeg een Kamermeerderheid haalde. Maar VVD-minister Sander Dekker wilde eerst wachten tot het marktaandeel van 80 procent binnen was. Het zou nog jaren duren voordat zijn opvolger Franc Weerwind (D66) serieuze maatregelen zou nemen.

Sinds de legalisering van reclame kwamen er tot medio 2023 al bijna een half miljoen nieuwe gokkers bij; 60 procent van alle spelers was nieuw. Het aantal gokverslaafden onder behandeling steeg in 2023 met 24 procent. En de kosten? Die worden in de eerste plaats verhaald op gokverslaafden, maar natuurlijk indirect bij de belastingbetaler: verslavingszorg, schuldhulpverlening, kapotte gezinnen. Intussen verdiende de gokindustrie miljarden, pompte reclamebudgetten vol en zorgde voor aandeelhouderswinsten. *Privatise the gains, socialise the losses.*

Oud-VVD-Kamerlid Helma Lodders, die elf jaar gokken in haar portefeuille had, stapte uit de politiek om voorzitter te worden van de brancheverenigingvoor gokbedrijven. (Nu heeft zij zich aangesloten bij een andere lobbyclub: de BoerBurgerBeweging.)

Terwijl de rekeningen van het gokfiasco nog binnendruppelen, staat het volgende schandaal al klaar. Betaalreuzen als Klarna en Adyen willen hun 'koop nu, betaal later'-model van het internet naar de fysieke winkelstraat brengen. Straks tik je gewoon je pas tegen de lezer en kies je: nu betalen, of pas over dertig dagen.

Wat kan er misgaan? Van alles, zoals onderzoek van de Autoriteit Financiële Markten toont. Aanmaningskosten maken tot wel 40 procent uit van de inkomsten van *Buy Now, Pay Later*-aanbieders. Hun verdienmodel leunt soms zwaar op mensen die niet kunnen betalen.[32] 13 procent van de gebruikers onder de 25 krijgt te maken met aanmaningskosten. Die oortjes van 50 euro kunnen dan uitgroeien tot schulden van 800 euro.

In 2023 maakten minderjarigen in Nederland bijna 600.000 keer gebruik van achteraf betalen online. Wanneer het misgaat, zijn het niet de betaalreuzen die opdraaien voor de kosten, maar wéér de samenleving. Problematische schulden kosten ons jaarlijks minstens 8,5 miljard euro.

In oktober 2024 nam de Tweede Kamer een motie aan tegen achteraf betalen in fysieke winkels. Maar in januari 2025 schreef minister Eelco Heinen (VVD, Financiën) dat een verbod niet mogelijk was, omdat er in 2026 Europese regels komen. De politiek wacht af; wij slaan intussen een kruisje.

Hardwerkende Nederlander? Dan misschien geen VVD

Emile werkt zich al dertig jaar uit de naad. Hij betaalt zijn belastingen keurig, spaart voor zijn pensioen, en stemt VVD. Uit gewoonte, en voor z'n portemonnee. Maar juist door die partij voelt hij zich steeds minder beschermd.

Ondertussen belandt Stijn, die andere VVD'er, op een woningmarkt met het deurbeleid van de beruchte Berlijnse nachtclub Berghain: wachten, hopen, afgewezen worden zonder uitleg. Hij legt het af tegen rijkeluiskinderen die door zijn partij worden voorgetrokken.

Tegelijkertijd verdwijnt het belastinggeld van deze hardwerkende Nederlanders in hersteloperaties voor brokken die hun partij zelf veroorzaakte, of in de zakken van lijkenpikkers die vrij spel kregen.

Schulden, toeslagen, gokken, achteraf betalen; het zijn geen incidenten. Ze zijn hoofdstukken uit een verhaal waarin de overheid steevast te laat komt. Of erger nog: zelf een bron van ellende wordt.

Dat is vaker gebeurd. Emile groeide op in Heerlen, in de jaren vijftig nog de op één na rijkste stad van Nederland, dankzij de mijnen. Tot het Rijk in 1965 besloot de steenkoolwinning te staken. Er zou iets beters komen, werd beloofd. Wat kwam, was werkloosheid.

Hij herinnert zich het huis van een vriendje waar de vader op een dag binnenviel, laveloos, en de moeder sloeg. Met een knoop in zijn maag liep hij naar huis. Alsof hij zijn vriend in de steek liet, al wist hij als kind niet wat hij had kunnen doen.

Je kunt je vingers erop natellen dat vandaag, achter gesloten deuren, dit soort scènes zich herhalen: door schulden, het Toeslagenschandaal, het gokfiasco, straks misschien door 'koop nu, betaal later'. De vraag is of VVD'ers als Emile zien welke rol hun partij daarin speelt.

Emile zelf kreeg overigens een heel andere abrupte klap te verduren. In de zomer van 2022 overstroomde Valkenburg en stond zijn huis in één dag blank. Zijn stemgedrag bleef hetzelfde, nog wel, maar zijn blik verschoof. Over hard werken had hij altijd zijn mening klaar. Maar ineens begon hij uit zichzelf over klimaatverandering.

3

De VVD is altijd tien jaar te laat

'One person with a belief is a social power equal to ninety-nine who have only interests.' – John Stuart Mill, *Considerations on Representative Government* (1861)

Dwars door Valkenburg, in het Zuid-Limburgse heuvelland, stroomt de Geul. Meestal rustig. Kinderen gooien steentjes in het water, toeristen drommen samen op de bruggetjes. Maar op 14 juli 2021 trad de rivier buiten haar oevers.

Het had al dagen hevig geregend. Het water liep de straten in, de gevels langs. Terrassen verdwenen onder een laag bruine smurrie, auto's werden meegesleurd, een brug bezweek. Het water, bruin en troebel, overspoelde Valkenburg en drong via gaten en kieren de huizen binnen.

Ook het huis van mijn schoonouders, Emile en Isabelle. De bank, de piano, de stoelen: alles dreef, tot het zonk. Terwijl de bewoners op vakantie waren, veranderde de oude pastorie in een gigantische badkuip. De buren belden met het nieuws en toen de vraag: *wat moeten we proberen te redden?*

Het zou nog anderhalf jaar duren voor Emile en Isabelle weer naar huis konden. Zelfs maanden later, telkens als ze de voordeur voor me opendeden, bleven ze vragen: 'Ruik jij het ook nog?'

In de gemeente Valkenburg aan de Geul liep de schade op tot wel 400 miljoen euro.

Tot dan toe zag ik klimaatverandering in Nederland zeker als een probleem, maar vooral voor later. Voor mijn kinderen misschien, of hún kinderen. Zorgelijk, maar (gelukkig) vooralsnog abstract.

Na de overstroming concludeerden internationale onderzoekers dat de kans op extreme regenval was toegenomen *door klimaatverandering.*[33] In juli 2025 bleek dat twee van de drie Limburgers inmiddels verwachten dat extreme regenval en overstromingen de komende vijf jaar vaker zullen voorkomen.[34]

In de jaren na de overstroming waren het mijn schoonouders, niet wij, die het onderwerp klimaat aansneden wanneer Kaat en ik op bezoek kwamen. Hoe dit afgewend moest worden. En of politici hier überhaupt nog vat op hadden.

Bij Emile viel dat extra op. Jarenlang trouw VVD-stemmer, en al langer bezorgd over klimaatverandering, maar nu in de ban van een probleem dat zijn partij sinds jaar en dag niet hoog op haar prioriteitenlijst had staan, soms zelfs wegmoffelde.

In Zuid-Limburg zei Mark Rutte de indruk te hebben 'dat er echt iets aan de hand is' met het klimaat.[35] De VVD was op dit gebied tien jaar te laat.

Dat geldt niet alleen bij klimaatverandering. Voor de VVD was de Europese Unie jarenlang een boksbal, tot zij het samenwerkingsverband ineens onmisbaar vond. Het homohuwelijk, waar de partij zich nu graag mee profileert, kreeg in de jaren negentig nog veel tegenstemmen van eigen Kamerleden. Van abortusrecht tot drugsbeleid, van onderwijsinspraak tot zelfs Zwarte Piet: de VVD loopt achter de meute aan. De massa als leidraad.

John Stuart Mill, een van de grondleggers van het liberalisme, waarschuwde ooit voor 'het despotisme van de gewoonte': als we blijven doen wat we altijd deden, komen we nooit ergens. Wie krampachtig vasthoudt aan de norm, belemmert iedere vorm van vooruitgang. Van een liberale partij zou je verwachten dat zij zo nu en dan vooroploopt bij maatschappelijke vernieuwing.

De VVD loopt zelden voorop. De VVD volgt, steevast tien jaar te laat. Het is eerder een conservatief bolwerk dan een liberale partij.

Klimaatbeleid – tien jaar te laat

Lang voor de overstromingen in 2021, leek de VVD heel even groen te kleuren. Mark Rutte, toen nog geen premier maar fractievoorzitter van de VVD, kwam in november 2008 plotseling op de proppen met *Groen Rechts*; een pamflet waarin hij de risico's van klimaatverandering aangreep om volop te investeren in innovatie op het gebied van groene energie.

Een uitgesproken liberaal initiatief: niet alleen omdat het onze economie stimuleert en ons onafhankelijker maakt, maar ook omdat het ons toekomstbestendiger maakt. Wie gelooft in gelijke rechten voor ieder individu, een andere kernwaarde binnen het liberalisme, zou die overtuiging ook kunnen toepassen op volgende generaties. Kinderen hebben weliswaar nog geen politieke stem, maar zullen wel moeten leven met de gevolgen van het beleid dat nu wordt gemaakt.[36]

Maar *Groen Rechts* verdween in een bureaulade, nadat vicefractievoorzitter Edith Schippers en campagneleider Stef Blok in 2009 tegen Rutte zeiden dat hij de verkiezingen alleen zou kunnen winnen met klassieke VVD-thema's. Het klimaat was geen VVD-thema, en al helemaal niet klassiek.[37]

Vervolgens schreef de VVD in 2010 een regeerakkoord met het CDA, waarin het nul keer over klimaatverandering ging (wel tweemaal over het vestigings-*klimaat*). In 2012 wist de auteur van *Groen Rechts* zijn herwonnen minachting voor windenergie als volgt te verwoorden: 'Als het maar niet die malle windmolens zijn. Want u weet, die draaien op subsidie, die draaien niet op wind.'

Zonder enig gevoel voor ironie kreeg het verkiezingsprogramma van de VVD dat jaar de titel *Niet doorschuiven maar aanpakken*. Toen de partij na de verkiezingen in zee ging met de Partij van de Arbeid, belandden de malle windmolens toch op de agenda. De partijen spraken af te mikken op 16 procent hernieuwbare energie in 2020 – hoger dan de 14 procent die de VVD zelf voor ogen had.

In 2014, destijds het warmste jaar ooit gemeten[38], publiceerde het wetenschappelijk bureau van de VVD een rapport waarin klimaatverandering werd omschreven als een bijzaak. 'Gezien de vele onzekerheden waarmee klimaatverandering is omgeven, is het de vraag hoe erg het is als het bereiken van de CO_2-reductiedoelen wat langer op zich laat wachten.' Nederland hoefde 'niet koste wat kost bij de voorlopers in Europa of zelfs de wereld te horen'.

Nieuwe klimaatmaatregelen konden doorgaans niet rekenen op steun van de VVD, concludeerde klimaatdeskundige Jelmer Mommers van De Correspondent in 2017.[39]

Neem kolencentrales, de vervuilendste bron van energie. Vier keer verzette de VVD zich tegen voorstellen om zelfs maar te *onderzoeken* of en hoe de kolencentrales in Nederland gesloten kunnen worden. Ook voorstellen om kolencentrales zwaarder te belasten, of ze uit te faseren volgens de afspraken van Parijs, konden op een 'nee' van de partij rekenen.

De partij was tegen een minimumprijs voor CO_2, tegen onderzoek naar een CO_2-belasting, en uiteindelijk – terwijl het toch echt in hun verkiezingsprogramma stond – tegen het schrappen van uitstootrechten bij sluiting van vervuilende fabrieken. Ook verzette de VVD zich jarenlang tegen rekeningrijden.

Ah, en tegen onderzoek naar hogere energiebelasting voor grootverbruikers, tegen het voorstel om vanaf 2025 in Nederland uitsluitend elektrische auto's te verkopen, en tegen het voorstel om bij het maken van beleid rekening te houden met de zwartste klimaatscenario's.

Het vergt wat goede wil en een flinke portie fantasie, maar je zou nog kunnen denken dat de VVD zich zo heeft verzet omdat de partij het klimaatbeleid liever op Europees niveau wilde vormgeven.[40] Maar ook als het ging over Europese klimaatdoelen lag de VVD dwars. De partij stemde tegen de motie om minstens 40 procent CO_2-reductie in 2030 te eisen. Hun enige medestander? Wederom: de PVV.

Pas toen de gevaren van klimaatopwarming langzaam doordrongen tot het collectieve bewustzijn, veranderde bij de VVD de toon. In 2017 benoemde de partij in haar verkiezingsprogramma dat de internationale afspraken van Parijs moesten worden nagekomen.[41]

Maar woorden zijn vrijblijvend. Uit de doorrekening van het Planbureau voor de Leefomgeving bleek dat de voorstellen van de VVD in praktijk nauwelijks iets zouden veranderen aan de uitstoot. De lijn bleef identiek aan bestaand beleid.

Twee jaar later, in 2019, zette fractieleider Klaas Dijkhoff in *De Telegraaf* D66-leider Rob Jetten neer als 'klimaatdrammer', en deelde hij tegelijkertijd een dreun uit aan het Klimaatakkoord. Een akkoord waarover jarenlang druk was onderhandeld in de polder, door overheidsinstanties, bedrijven en het maatschappelijk middenveld.

VVD: NEE TEGEN KLIMAATAKKOORD kopte *De Telegraaf*. De partij trok haar handen ervan af, omdat gewone mensen te weinig inspraak hadden en belangenclubs juist te veel. Geert Wilders juichte de opstelling van Dijkhoff toe. 'De VVD gaat nu ook klimaatdrammers in elkaar slaan.'

Ook in 2021 stonden de Parijse klimaatdoelen bij de VVD toch in het verkiezingsprogramma. Maar uit de doorrekening van het Planbureau voor de Leefomgeving bleek ditmaal dat het VVD-programma op CO_2-reductie het slechtst scoorde van alle grote partijen.[42] Alleen de PVV presteerde slechter.

Al met al zetten de laatste twee kabinetten-Rutte wel stappen op klimaatgebied, maar vooral onder druk van D66, niet de VVD. Ja, de partij bewoog mee, maar jarenlang was het credo: kolencentrales koesteren, kankeren op klimaatdrammers.

De schade van het late handelen is nu zichtbaar. Terwijl Zweden in 2023 al 66 procent van zijn energie uit hernieuwbare bronnen haalde en Finland 51 procent, bleef Nederland steken op een magere 17 procent. Ons aandeel hernieuwbare energie lag onder het EU-gemiddelde, en zelfs lager dan in landen als Slovenië en Hongarije.[43]

Jarenlang laveerde de VVD tussen bekommernis en ontkenning. De ene keer werd een handreiking gedaan aan kiezers die zich wel degelijk zorgen maakten over het klimaat, de andere keer werd juist een geste gedaan aan wie vreesde dat linkse partijen zijn vliegreis, auto of barbecue zouden beprijzen. Tussen de regels door werd duidelijk: de woorden mochten vooruitwijzen, de praktijk moest zoveel mogelijk bij het oude blijven.

'Wat ik Rutte kwalijk neem,' zei oud-lijsttrekker en oud-voorzitter van de klimaatraad Ed Nijpels in maart 2025 in een interview met Follow the Money[44], 'is dat hij als leider van de VVD en als premier veertien jaar niets heeft gedaan voor een maatschappelijk probleem dat overduidelijk was.'

Nijpels is een VVD'er die zich wél op het klimaat stortte. Dat deed hij als politicus ook al. In 1989 haalde hij de wereld naar Noordwijk om samen bindende afspraken te maken over CO_2-uitstoot.[45] In Grand Hotel Huis ter Duin leek dat binnen handbereik, tot op het laatste moment een gezant uit het Witte Huis, met innige contacten in de olie-industrie, het plan torpedeerde.

VVD'ers als Nijpels zijn er heus, en nog, maar ze lijken altijd in de minderheid. 'Ik moet wel toegeven,' verzuchtte mijn 'groenrechtse' vriend Stijn, 'dat ik altijd dacht dat de liberalen op klimaat proactiever waren.' En zo gek is dat niet. De strijd tegen klimaatopwarming is volgens Nijpels een vanzelfsprekend onderdeel van het liberalisme. Niks 'klimaatgekte' of 'totalitair ecologisme'. 'Ik heb altijd geleerd dat het liberalisme gaat over vrijheid, sociale gerechtigdheid en verantwoordelijkheid. En als het gaat om milieu- en energiebeleid gaat het er vooral over dat je je verantwoordelijk voelt voor de rest van de wereld. Dat je niet probeert je eigen vrijheid maximaal te benutten met schade voor de volgende generatie of voor de gemeenschap tot gevolg.'

Dat je je verantwoordelijkheid neemt als het moet. Niet pas tien jaar later.[46]

Europese samenwerking – tien jaar te laat

Ooit, in de jaren tachtig, was de VVD uitgesproken pro-Europees, zoals Volt of D66 dat nu zijn. De partij stond zelfs open voor de Verenigde Staten van Europa. Maar daar kwam met Frits Bolkestein in één klap een einde aan.

Zelf sprak Bolkestein van een *Umwertung aller Werte*. De VVD moest al haar uitgangspunten over de Europese Unie opnieuw tegen het licht houden. Hij zag niet een federaal Europa als einddoel, maar een Unie met strikt beperkte bevoegdheden.[47] In 2012 bekende hij in *Buitenhof* zelfs dat de invoering van de euro voor hem de doorslag had gegeven om in 1998 af te zwaaien als partijleider. Ook partijgenoot Gerrit Zalm, minister van Financiën van 1994 tot 2002, zag Brussel vooral als een plek waar Nederland geld verloor.

Deze euroscepsis zou de koers van de VVD decennialang blijven bepalen. Europa werd gereduceerd tot een rekensom voor de korte termijn, die enkel en alleen ging om de vragen: wat kost het en hoe komen we eronderuit?

In het najaar van 2002 stemde de VVD tegen de uitbreiding van de Europese Unie. Terwijl landen als Tsjechië zich net hadden ontworsteld aan dictatuur en hun democratische revoluties achter de rug hadden, zag de VVD vooral een nieuwe kostenpost. (Voorstanders benadrukten juist de kans op een sterker Europa. Achteraf gezien terecht, met Poetin die rammelt aan de oostflank en bloeiende economieën in Polen en Slowakije.)

Toen Mark Rutte in 2010 zijn eerste verkiezingen inging als lijsttrekker, was de Europese bezieling binnen de VVD uitgedoofd. 'Brussel is echt een bodemloze put,' zei Rutte. 'De Europese Unie is compleet losgezongen van de samenleving.' Hij wilde de Nederlandse bijdrage dan ook halveren. Als 'koevoet', om de EU af te slanken.

'Als je de mensen in Nederland vraagt waarom wij lid zijn van die club,' zei premier Rutte in 2012, 'is het antwoord: vanwege de grote Europese interne markt.'[48] Het was een kwestie van centen. Bevlogen verhalen over gedeelde normen en waarden deden Rutte weinig. 'Daar gaat Europa helemaal niet over.'

Tijdens de verkiezingscampagne van datzelfde jaar liet hij er geen enkele twijfel over bestaan: 'Geen cent meer naar Griekenland,' dat gebukt ging onder torenhoge schulden en dreigde failliet te gaan.

Maar toen puntje bij paaltje kwam, stemde de VVD tandenknarsend in met het derde steunpakket van 86 miljard euro. VVD-Kamerlid Mark Harbers gaf toe dat het besluit de fractie 'zwaar op de maag lag', maar dat Nederland zich in Brussel niet wilde isoleren.

In Europa stelde de VVD zich constructief op, terwijl ze in Den Haag morrend de hakken in het zand zette.

Ook tijdens de coronacrisis weigerde de VVD mee te werken. Rutte verzette zich fel tegen gezamenlijke EU-schulden en stond erop dat er uitsluitend leningen verstrekt zouden worden, geen giften. Ieder land moest z'n eigen boontjes doppen. Zo profileerde Nederland zich als de onwrikbare leider van de zogenoemde 'zuinige vier'.

Maandenlang hielden Rutte en minister van Buitenlandse Zaken Wopke Hoekstra (CDA) vol dat Nederland *nooit* akkoord zou gaan met gedeelde schulden. Tot ze het uiteindelijk tóch deden: 750 miljard euro aan leningen en subsidies, gefinancierd via gemeenschappelijke Europese schuldpapieren.

De Europese koers van de VVD doet vooral denken aan dat ene gedicht van Toon Tellegen:

Ik trok een streep;
tot hier,
nooit ga ik verder dan hier.

Toen ik verder ging
trok ik een nieuwe streep,
en nog een streep.

De zon scheen
en overal zag ik mensen,
haastig en ernstig,
en iedereen trok een streep,
iedereen ging verder

Toegegeven: er zijn ook VVD-standpunten over Europese kwesties die langer meegaan dan een pak melk, en soms zelfs getuigen van een vooruitziende blik. Het verzet tegen het vetorecht binnen het Europese buitenlandbeleid, bijvoorbeeld.[49]

Premier Mark Rutte liet in een toespraak aan de Universiteit van Zürich in 2019 al doorschemeren dat dit, als het aan de VVD lag, op termijn zou verdwijnen. Het vetorecht zou de slagkracht van de Europese Unie ondermijnen, zeker als het ging om sancties.

Dat hebben we de afgelopen jaren zien gebeuren, toen Hongarije herhaaldelijk sancties tegen Rusland wist te blokkeren. De Russisch-orthodoxe geestelijk leider Kirill (oorlogsverheerlijker en meestal verkleed als een schaduwwezen uit een Byzantijnse koortsdroom) mocht van de Hongaarse premier Viktor Orbán bijvoorbeeld niet op de sanctielijst belanden.

Maar net als bij de kwestie-klimaat valt het kwartje bij de VVD pas op het nippertje – of daarna. Pas nu Poetin onze vrijheid bedreigt en Donald Trump zijn pijlen vanuit het Witte Huis op Europa richt, wordt de EU omarmd.

Europa is zelfs, zo stelde partijleider Dilan Yeşilgoz tijdens haar toespraak op het partijcongres afgelopen juni, 'belangrijker dan ooit' voor ons welzijn en onze veiligheid.

Plots klinkt de VVD niet veel anders dan D66 en Volt. Alsof de VVD er altijd van overtuigd is geweest dat de Europese Unie, met al haar tekortkomingen, behoort tot de grote liberale overwinningen van de twintigste eeuw. Een kostenpost? Nee, een missie.

Natuurlijk: wie de EU waardevol vindt, hoort kritisch te zijn. En liberalen past gezonde argwaan tegenover alle bestuurslagen, dus ook de Europese. Maar kritisch is iets anders dan dubbelhartig. Door Brussel jarenlang af te schilderen als een bemoeizuchtige buitenstaander en een bodemloze put waarin onze centen verdwijnen, heeft de VVD het draagvlak voor Europese samenwerking willens en wetens ondergraven.

Ik heb jarenlang in het Verenigd Koninkrijk gewoond, en gezien waar overtrokken euroscepsis toe kan leiden. Oud-premier David Cameron had er niet op gerekend dat de Britten daadwerkelijk vóór een Brexit zouden stemmen. Maar de Europese Unie is als zondebok razend populair. De Brexit werd door charlatans verkocht als duizenddingendoekje. Hoge zorgkosten, lage lonen, dure energie? Vertrek uit de EU, en alles wordt beter. Vijf jaar later denkt nog maar een derde van de Britten dat de Brexit een goed idee was.[50]

Toen Mark Rutte in 2020 naar Brussel afreisde voor onderhandelingen over de EU-meerjarenbegroting, zei hij schamper: 'Meepraten? Ik denk het niet. Ik zou niet weten waarover. Ik heb de nieuwste biografie van Frédéric Chopin meegenomen.'[51] (De componist die – voor de goede orde – zijn vaderland Polen ontvluchtte na de Russische bezetting, via Wenen in Parijs belandde en Frans staatsburger werd.)

De ironie is dat de VVD de komende tijd precies die 'bevlogen verhalen over normen en waarden' moet gaan vertellen waar Mark Rutte in 2012 nog 'niets mee had'. En nu is het diezelfde Rutte die, vanuit Brussel, de bevlogen verhalen voor de NAVO moet afsteken. Alleen is de vraag of het publiek, na jaren van anti-Brussels gemopper, nog bereid is te luisteren.

Hartstikke progressief – tien jaar te laat

Goed, de VVD mag dan laat zijn geweest met het omarmen van klimaatbeleid of met haar geloof in de EU als politiek project, maar als liberale partij was ze op z'n minst de voortrekker van progressieve verworvenheden als het homohuwelijk, toch?

In 2017 noemde premier Mark Rutte de VVD nog 'een heel linkse partij' op sociale zaken. 'Op grond van liberale principes', zo stelde hij, was de partij altijd 'een voorvechter geweest van zaken als abortus, het homohuwelijk en euthanasie'. Zeker, de VVD kende prominente progressieve pleitbezorgers, zoals Annelien Kappeyne van de Coppello als het ging om abortus en Anne Lize van der Stoel inzake het homohuwelijk. Maar de partij als geheel? *NRC* liet kort na Ruttes uitspraak in 2017 al overtuigend zien dat dit zelfbeeld niet strookte met de feiten.[52]

Bij de eerste stemming in april 1996 over een PvdA-D66-motie voor legalisering van het homohuwelijk was de VVD-fractie hopeloos verdeeld: veertien leden stemden voor, veertien tegen. Fractievoorzitter Frits Bolkestein behoorde tot de tegenstanders. Hij waarschuwde dat Nederland met zo'n wetswijziging uit de pas zou lopen met landen waarmee het verdragen had gesloten. Volgens hem zou het buitenland het niet begrijpen, en riskeerde Nederland diplomatiek isolement.

Blijkbaar was dit risico voor de VVD zo groot dat de gelijke behandeling van mensen, ongeacht hun geaardheid, dan maar even moest wachten.

Twee jaar later, in april 1998, had de VVD samen met de PvdA een motie ingediend die een stap richting het homohuwelijk moest betekenen. Maar de VVD-fractie bleef verdeeld: zeventien leden stemden voor, twaalf tegen, onder wie opnieuw Bolkestein. Opvallend genoeg had de partij in haar verkiezingsprogramma van dat jaar überhaupt geen standpunt over het homohuwelijk opgenomen. Ondertussen wond de PvdA er in haar programma juist geen doekjes om: 'Het huwelijk wordt opengesteld voor homoseksuele relaties.'

Na de verkiezingen legde Bolkestein zich schoorvoetend neer bij het meerderheidsstandpunt binnen zijn fractie. Zijn persoonlijke standpunt, waarover hij geen twijfel wilde laten bestaan, deed 'niet terzake'.[53] In de coalitieonderhandelingen met PvdA en D66 werd afgesproken het homohuwelijk juridisch mogelijk te maken. Toen de Wet openstelling huwelijk in september 2000 dan eindelijk werd voorgelegd, stemden de VVD-fracties in de Eerste en de Tweede Kamer unaniem voor.

Mooi. Maar dat de VVD vooropliep in de strijd voor het homohuwelijk, zoals Rutte later beweerde, is wel een heel rooskleurige voorstelling van zaken.

En dat geldt voor meer progressieve kwesties. Ook op het gebied van abortus liep de VVD lang niet altijd voorop. Hoewel de partij in de jaren zeventig samen met de PvdA een initiatiefvoorstel opstelde voor ruime legalisering van abortus en het zelfbeschikkingsrecht van vrouwen, ging het mis in de Eerste Kamer. Op 14 december 1976 stemden acht van de twaalf VVD-senatoren tegen. Daarmee kantelden ze de stemming en haalde het wetsvoorstel het niet. Opmerkelijk genoeg schoof VVD-initiatiefnemer Els Veder-Smit de schuld niet in de schoenen van haar eigen fractie, maar op feministische actiegroep Dolle Mina. Met slogans als 'Baas in eigen buik' zou die het debat 'wanstaltig verstoord' hebben.[54]

John Stuart Mill, dat negentiende-eeuwse liberale icoon, werd ooit gearresteerd omdat hij in de Londense sloppenwijken pamfletten verspreidde over anticonceptiemiddelen. Hij vond dat vrouwen recht hadden op kennis en zeggenschap over hun eigen lichaam. Veder-Smits opmerking over Dolle Mina zou hij vermoedelijk niet als liberaal hebben herkend. Vrijheid betekent voor liberalen in de kern: respect voor het individu als gelijke, voor iemands keuzes, overtuigingen en lichamelijke autonomie. Kunnen trouwen met wie je wilt en zelf kunnen bepalen wat er met je lichaam gebeurt, zijn dan ook bij uitstek liberale verworvenheden.

Uiteindelijk werd abortus pas in 1984 gelegaliseerd, via een compromiswet van VVD-minister Leendert Ginjaar en CDA-minister Job de Ruiter. De regeling bleef halfslachtig: abortus bleef formeel strafbaar, maar de pleger werd niet langer vervolgd als de abortus plaatsvond in een erkende kliniek en binnen 24 weken zwangerschap. In die vorm geldt de wet nog steeds.

Alleen op het dossier euthanasie kun je de VVD

misschien een voortrekker noemen. Het was VVD'er Dick Dees die als eerste Nederlandse volksvertegenwoordiger het onderwerp op de agenda zette en opriep tot een staatscommissie om het vraagstuk te onderzoeken.[55]

Maar nog voordat die commissie met een advies kwam, diende D66-Kamerlid Elida Wessel-Tuinstra in 1984 al een initiatiefvoorstel in om euthanasie wettelijk te regelen. De VVD-fractie stond daar in beginsel achter, maar zat in een kabinet met het conservatieve CDA. Onder druk van premier Ruud Lubbers (CDA) trok de partij haar steun dus weer in. Het onderwerp werd doorgeschoven naar een volgend kabinet. De VVD was dus wel een voorvechter, maar geen buitengewoon vasthoudende.

Pas in 1999 kwam de doorbraak: minister Els Borst (D66, Volksgezondheid) en VVD-collega Benk Korthals (Justitie) dienden samen het wetsvoorstel in dat euthanasie uit het strafrecht haalde. Daarmee werd Nederland het eerste land ter wereld met een wettelijk geregelde euthanasiepraktijk.

Geen partij die leidt, maar een partij die volgt

In het eerste verkiezingsprogramma van de VVD, in 1948, noemde de partij haar beginselen 'vooruitstrevend'.[56] Maar in de praktijk is diezelfde VVD vaak behoorlijk conservatief. Toen Dilan Yeşilgöz in 2022 de HJ Schoo-lezing hield, waarschuwde ze niet voor de actuele bedreigingen van sociale verworvenheden als vrouwen- en homorechten. In plaats daarvan koos ze ervoor haar pijlen te richten op *woke*.

Het liberalisme is, zoals ik al eerder schreef, geen doctrine van eeuwige waarheden of rigide regeltjes. Het is een ideologie die zich vormt naar de tijd; in gesprek met het verleden, gericht op de toekomst. Een echte liberaal verkiest verstand boven sentiment, gelooft in vooruitgang, en neemt het voortouw op het gebied van sociale rechtvaardigheid.

De Engelse denker Edmund Fawcett beschreef het liberalisme in 2014 als een morele zoektocht: een poging om orde en rechtvaardigheid te vinden te midden van de spanningen en conflicten die de moderne wereld onvermijdelijk met zich meebrengt.[57] En die zoektocht vergt moed.

In gesprek met het verleden ontdek je al snel dat het de VVD aan die moed ontbrak. Integendeel: de partij kwam pas in beweging als daar geen lef meer voor nodig was. De VVD noemt zich een volkspartij, maar verheft het volk zelden. Ze monitort vooral zenuwachtig of de veranderingen niet te hard gaan, innig verstrengeld met de status quo.

Bij klimaatverandering, Europese samenwerking, het homohuwelijk en abortus, maar ook eerder: bij de erkenning van de Indonesische onafhankelijkheid in de jaren veertig[58], bij inspraak in het onderwijs in de jaren zestig[59], bij het drugsbeleid, bij de excuses voor het slavernijverleden, en bij de omslag in het Zwarte Piet-debat.

De VVD zegt graag vooruit te willen, maar kijkt voortdurend opzij. Moraal volgt de massa. Tien jaar te laat.

4

De VVD degradeert vrijheid tot het Dikke Ik

'Total liberty for wolves is death to the lambs.' – Isaiah Berlin, *The Crooked Timber of Humanity* (1959)

De wekker trilt op het nachtkastje. Een man tast naar zijn telefoon; eerst even gedachteloos scrollen. Op X stuit hij op een harde grap over asielzoekers. Hij lacht, liket, en veegt verder. De kiloknaller van gisteravond duwt nog tegen z'n middenrif. Buiten komt de ochtend traag op gang. In de achtertuin smeult het laatste restje houtskool van de barbecue.

Voor de deur staat zijn auto geparkeerd: midden in de stad, zwaar gesubsidieerd door de gemeente. Terwijl de motor snorrend op temperatuur komt, plaatst hij een paar gokjes op de Champions League-wedstrijden van vanavond. De app moedigt hem aan. Even later staat hij vast in de ochtendspits. Raampje open. Muziek aan.

Op kantoor heeft hij het naar z'n zin. Online meetings? Niet in zo'n kartonnen hok. Hij blijft gewoon aan zijn bureau zitten. Collega's werpen blikken, maar het is 2025. Wie nu nog zonder noisecancelling headphones werkt, kiest zelf voor dat ongemak. Op zijn bureau groeit intussen gestaag een rij vergeelde mokken met koffieaanslag. Die zullen vanzelf verdwijnen. Daar hebben ze mensen voor.

'S Avonds boekt hij bij Corendon een citytrip, veertig euro retour. Waarom niet? Daarna dwaalt hij nog even op AliExpress. Morgenochtend brengt Albert Heijn frambozen en een doosje paracetamol.

Hij wordt niet gehinderd door anderen. Niet betutteld door de staat. Hij doet lekker waar hij zin in heeft. Hij is vrij. Toch?

Vrijheid is zo simpel nog niet

Wie 'liberalisme' zegt, denkt al snel aan vrijheid. Vrijheid is een belangrijk uitgangspunt binnen het liberalisme, zeker. Maar onder liberalen is weinig overeenstemming over wat vrijheid eigenlijk is.

Voor de een betekent het vooral: met rust gelaten worden. Negatieve vrijheid: doen wat je wilt, zolang niemand je tegenhoudt. Voor de ander draait het om positieve vrijheid: het vermogen om zelf richting aan je leven te geven, om iets van je bestaan te maken. Wanneer ik een sigaret opsteek op een terras, is dat een uiting van negatieve vrijheid. Ik mag het, ik doe het. Maar met positieve vrijheid heeft het weinig te maken, als ik eigenlijk liever niet zou roken. De handeling is vrij, maar of de keuze dat ook is?

Bovendien staat vrijheid voor liberalen zelden op zichzelf. 'Vrijheid, gelijkheid en broederschap' was de leus van de Franse Revolutie. Ook waarden als gelijkheid en rechtvaardigheid doen mee. Hoe zwaar die meewegen? Dat hangt ervan af welke liberaal je het vraagt.

Liberalisme en vrijheid hebben daarnaast een open relatie. Ze zijn niet exclusief. Ook andere ideologieën claimen het woord, soms terecht, soms als camouflage voor het tegendeel. De Britse denker Edmund Fawcett merkte op dat zelfs de aartsvijanden van het liberalisme zich op vrijheid beroepen. Karl Marx en Friedrich Engels droomden in hun *Communistisch Manifest* van een klasseloze samenleving waarin 'de vrije ontwikkeling van ieder de voorwaarde is voor de vrije ontwikkeling van allen'. En Benito Mussolini? Die zag de ware fascist als een libertariër, met een onwrikbaar geloof in vrijheid. Dat is natuurlijk een gotspe, maar het laat zien hoe soepel het woord 'vrijheid' zich laat plooien naar ieders agenda.

Het is dan ook niet het beroep op vrijheid dat onderscheidend is voor het liberalisme, maar het voortdurende interne debat over wát vrijheid is, en hoe dat zich verhoudt tot andere waarden. Het is balanceren, telkens opnieuw. Tussen individu en gemeenschap, tussen nu en straks. In dit hoofdstuk onderzoek ik hoe de VVD, in woord en in daad, invulling geeft aan dat netelige begrip, en wat haar inbreng is in dat voortdurende debat.

Een keurige definitie van vrijheid

Op de website van de VVD prijkt een keurige definitie van vrijheid: 'Ieder mens heeft recht op een zo groot mogelijke vrijheid. Dat betekent dat je je leven mag leiden zoals je dat zelf wilt. Vrijheid is onmisbaar om jezelf te ontwikkelen en het beste uit jezelf te halen. De persoonlijke vrijheid wordt daarom alleen begrensd als je de vrijheid van een ander schaadt. Daarnaast moeten we rekening houden met toekomstige generaties.'

Dat klinkt redelijk. Vrijheid als uitgangspunt: voor jou, voor mij, voor onze kleinkinderen. De Amerikaanse filosoof John Rawls kijkt mee, met zijn nadruk op rechtvaardigheid tegenover mensen die nog geboren moeten worden: 'rekening houden met toekomstige generaties'. En ook de schaduw van John Stuart Mill is zichtbaar, de Britse liberaal die vond dat vrijheid pas begrensd mag worden wanneer zij een ander schaadt. Het zogenoemde schadebeginsel.

Wie de tekst op de VVD-site leest, zou denken dat vrijheid bij deze partij een gewetensvol begrip is. Iets met morele lading. Vrijheid waarin ruimte is voor de ander en voor wat nog komt. Maar de werkelijkheid is weerbarstiger. Want vrijheden botsen. De vrijheid van een egoïst om zichzelf te zijn – onverschillig, onbehouwen, zelfzuchtig – raakt vroeg of laat aan jouw en mijn vrijheid, of die van toekomstige generaties. De vrijheid van de een is soms de onvrijheid van de ander.

'Ik sta aan jouw kant,' zo luidde de campagneboodschap van VVD-leider Dilan Yeşilgöz in aanloop naar de verkiezingen van 2023. Maar wiens kant is dat precies? Die van de rentenier of de arbeider? De boer of de natuurbeheerder? De automobilist of de ov-gebruiker? De patenthouder of de patiënt? De ondernemer of degene met een uitkering? De flexwerker of de vaste kracht? De student of de gepensioneerde? De huisjesmelker of de woningzoekende? De vervuiler of degene die naast hem woont?

Wanneer krijgt de vrijheid van het individu voorrang, en wanneer die van de ander? En hoe zwaar telt de toekomst mee? Zulke vragen klinken abstract, tot ze zich vertalen naar alledaagse keuzes. Laat ik het vrijheidsbegrip van de VVD eens testen op een van de meest tastbare beleidsterreinen: hoe we ons verplaatsen. Van vliegen tot autorijden, van openbaar vervoer tot parkeerruimte.

Vervuiling beprijzen: de VVD niet gezien

Ik hou minstens net zoveel van een goed werkende markt als de meeste liberalen. Maar wie ooit met een half oor heeft opgelet tijdens economie op school, weet: markten falen soms. De onzichtbare hand van Adam Smith – het elegante idee dat individueel eigenbelang vanzelf leidt tot collectieve welvaart – grijpt zo nu en dan mis. In geval van een monopolie, bijvoorbeeld, wanneer er te weinig concurrentie is en consumenten worden uitgeknepen. Of wanneer informatie scheef verdeeld is, en je een tweedehands auto koopt die je weken later duizenden euro's aan reparaties kost.

Maar misschien wel het taaiste marktfalen van onze tijd is dat van het afschuiven van schade op anderen, zonder hun instemming. Kosten die niet in de prijs zitten, maar wel ergens terecht zullen komen. Jij koopt iets uit mijn fabriek, maar die fabriek loost afval in de rivier. Of ik vlieg goedkoop naar Barcelona, terwijl jij (of je kinderen) de rekening krijgt in de vorm van klimaatverandering. Niet ik, maar een ander betaalt de prijs.

Een logisch gevolg van het schadebeginsel – jouw vrijheid eindigt waar die van een ander begint – zou zijn dat mensen de werkelijke prijs voor producten en diensten betalen. Voor hun vlucht, voor hun vlees, voor hun plek in de file. Want vrijheid betekent niet dat je zonder consequenties schade mag toebrengen aan een ander.

Als mijn keuze jou benadeelt, hoor ik die kosten te dragen. En als de markt dat zelf niet regelt, mag de overheid bijsturen. Via belastingen, of als het echt moet: met een verbod. Niet als vijand van de markt, maar juist als hoeder ervan. Het vrijheidsbegrip van de VVD laat zich toetsen aan de manier waarop ze met het afschuiven van schade op anderen omgaat.

Als liberaal heb ik geen dogmatische bezwaren tegen vliegen, autorijden of parkeren in de stad – integendeel, mensen moeten die keuzes vrij kunnen maken. Maar die vrijheid is pas eerlijk als de werkelijke kosten in de prijs zitten, die je er als gebruiker zelf voor moet betalen. Wie vliegt, betaalt dus ook voor de klimaatschade en geluidsoverlast. Wie de stad inrijdt, betaalt voor de vervuiling en de file die hij veroorzaakt. En wie parkeert, betaalt voor de schaarse ruimte die hij in beslag neemt. Boter bij de vis.

Neem de luchtvaart. Geluidsoverlast rond Schiphol wordt afgewenteld op omwonenden. De klimaatkosten van vliegen (ik denk weer aan de overstroming van Valkenburg) worden nauwelijks beprijsd door TUI en Corendon. En dat is geen toeval. In Nederland is niet-ingrijpen geen nalatigheid, maar een bewuste keuze. Steeds weer krijgt de consument van het goedkope ticket voorrang boven de rust van de bewoners, maar vooral boven de belangen van toekomstige generaties.

De VVD laat er geen gras over groeien. 'We zijn trots op onze luchtvaart en op Schiphol,' staat in het verkiezingsprogramma van 2023. En ook: 'Schiphol is essentieel voor Nederland en de Nederlandse economie.' Wat er niet bij staat: dat zo'n 70 procent van de passagiers in KLM-vliegtuigen alleen maar naar Nederland komt om over te stappen. De winst is voor KLM; de overlast, uitstoot en druk op de leefomgeving zijn voor ons.

Wie iets preciezer kijkt naar de rol van Schiphol, ziet dat het economische belang vaak groter wordt voorgesteld dan het in werkelijkheid is. Dat is geen radicaal geluid van onwetende buitenstaanders, maar de conclusie van Jan Schuur, onderzoeker bij het Planbureau voor de Leefomgeving. In het economenvakblad *ESB*, niet bepaald een broeinest van klimaatactivisme, schreef hij dat de bijdrage van Schiphol aan de nationale welvaart allesbehalve evident is.

In 2019 vroegen ChristenUnie en D66 om betere richtlijnen voor zulke welvaartsanalyses. Bijna de hele

Kamer stemde voor. De VVD stemde tegen.

Weinig politici verbeelden de relatie tussen de VVD en de luchtvaart zo scherp als voormalig Kamerlid Daniël Koerhuis. In zijn biografie op X prijken twee emoji's: een vliegtuig en een auto. En in december 2022 verscheen een foto van Koerhuis. Zijn vrolijke, langwerpige hoofd stak fier uit boven een kersttrui van KLM: 'De luchtvaart brengt weer veel mensen naar familie en vrienden komende Kerst.'

'Vliegen, vliegen, vliegen', dat was de mantra van Daniël Koerhuis. En dat bleef niet onopgemerkt: op Groningen Airport kreeg hij zijn eigen straat, de Daniël Koerhuis Boulevard. Zelf zei hij daarover dat hij 'heeft willen staan voor de banen in de luchtvaart'. Weinig politici hebben zich zo luidkeels achter Schiphol en de luchtvaartsector geschaard als hij. Maar ook breder geldt: Nederland kent weinig warmere pleitbezorgers van luchtvaartbedrijven dan de VVD.

Schade subsidiëren: de VVD wel gezien

Intussen beloont de overheid zelfs de negatieve gevolgen van de luchtvaart. Waar treinreizigers braaf btw betalen op hun kaartje (dat komend jaar weer 6 tot 9 procent duurder wordt), zijn vliegtickets vrijgesteld van btw. Terwijl aan de pomp ruim twee derde van je benzineprijs naar de fiscus vloeit, betaalt de luchtvaart nog altijd geen cent accijns over kerosine. Wie met de trein reist, betaalt mee aan het collectief. Wie vliegt, krijgt korting.

Misschien wel het meest opvallend is hoe vaak de Nederlandse overheid KLM te hulp schoot met reddingsacties. Maar liefst 25 keer, in een eeuw tijd. In *De blauwe fabel* laat Follow the Money-journalist Ties Joosten overtuigend zien hoe het bedrijf decennialang vrijwel onafgebroken aan het staatsinfuus lag.

Ook tijdens de pandemie was het raak. Het kabinet-Rutte III trok 3,4 miljard euro uit voor steun aan KLM, met een steunpakket aan garanties en leningen. Een bedrag waarvoor je, inderdaad, een aardige kersttrui kunt breien. In het Kamerdebat over die staatssteun klonk toenmalig VVD-minister Cora van Nieuwenhuizen haast moederlijk: 'Ik wil toch graag beginnen met nog een keer de blauwe trots te onderstrepen.'

Ik vraag Stijn, mijn jeugdvriend uit Bunnik, wat hij vindt van de VVD en vliegen. In plaats van direct te antwoorden, opent hij een artikel op zijn telefoon. 'Weet je wie in 2019 het vaakst vlogen?' zegt hij. 'VVD'ers, D66'ers en GroenLinksers. En PVV'ers? Die vliegen veel minder.' Hij kijkt op, een speelse glimlach om zijn mond. 'Dat wringt toch wel een beetje, vind je niet? Je kunt niet alleen op beleid afrekenen, je moet ook naar gedrag durven kijken.'

Dan leunt hij achterover. 'Maar goed, ik vind dat vervuiling wel een prijs moet hebben,' zegt hij iets serieuzer. 'Het is niet liberaal als je de kosten van je gedrag afwentelt op een ander. Of dat nou de omwonende is die slecht slaapt door vliegtuiglawaai, het kind dat straks met het klimaatgezeik zit, of de belastingbetaler die de luchtvaartsector overeind houdt.'

De luchtvaart spreekt weliswaar tot de verbeelding, en wordt vaak besproken, maar het dagelijks verkeer speelt zich voor de meesten van ons toch gewoon af op straatniveau: in de auto, in de file, op zoek naar een parkeerplek. Diezelfde Van Nieuwenhuizen pleitte ook voor een ander prestigeproject: 1000 kilometer aan extra rijstroken, voor een bedrag van zo'n 20 miljard euro. Omgerekend: ruim 1000 euro per Nederlander.

Maar wie denkt dat dat de files oplost, vergist zich. Experts roepen al jaren dat nieuwe rijstroken juist extra verkeer aantrekken, tot de wegen opnieuw dichtslibben. Dat effect is al decennialang bekend. In 1988 beloofde het kabinet de files drie keer zo kort te maken; in 2010 waren ze drie keer zo lang. Toch blijft de VVD hardnekkig vasthouden aan asfalt als oplossing. Alsof je een verstopte wc elk halfuur opnieuw doorspoelt: even lijkt er beweging in te komen, maar binnen de kortste keren staat het vieze water weer tot aan de rand. Tegelijkertijd verzet de VVD zich steevast tegen de spitsheffing, die al jaren een groot succes is in Singapore, Stockholm en Londen.

Wat kopen we dan voor die miljarden voor asfalt? Vooral milieuschade, verkeersongelukken, en steden en dorpen vol metalen dozen.

Na haar vertrek als minister verruilde Cora van Nieuwenhuizen de politiek voor het bedrijfsleven, als – tromgeroffel – lobbyist voor de energiesector. Zelf verklaarde Van Nieuwenhuizen dat ze zich als minister 'nooit beleidsinhoudelijk met energie had bemoeid'. Maar later bleek dat ze wél geregeld aanschoof bij overleg op het hoogste niveau over diezelfde sector. Sterker nog: op dat moment wist ze al van haar volgende baan.[60]

Naast de bewegende auto is er ook nog de auto als stilstaand object. Want hoewel het in het debat vaak gaat over files, asfalt en brandstofprijzen, ligt het grootste ruimtebeslag niet op de snelweg, maar in de binnenstad. Daar staan auto's gemiddeld 23 uur per dag stil in de publieke ruimte, op grond die van ons allemaal is. Wie betaalt daarvoor? Daar keek mijn collega Jesse Frederik in 2018 naar.

De eerlijkste manier om de ware prijs van een parkeerplek uit te rekenen is door te vragen wat deze zou kosten zonder subsidie. Onderzoeker Jos van Ommeren deed dat voor de stad Amsterdam. Hij rekende uit dat een parkeerplek op straat in het centrum, tegen marktprijs, ongeveer 3600 euro per jaar zou kosten. En wat betalen bewoners er daadwerkelijk voor? Zo'n 535 euro. Een koopje, medegefinancierd door de gemeenschap. Een leraar in de Bijlmer helpt met zijn belastingcenten de parkeerplek financieren van een advocaat aan de gracht. Ondertussen nemen die auto's speelruimte in van kinderen, wandelruimte van voetgangers en uitzicht van bewoners.

Bovendien zijn de voordelen van die verborgen subsidie niet gelijk verdeeld. Mensen met een jaarinkomen boven de ton hebben ongeveer vijf keer zo vaak een parkeervergunning als mensen met een minimuminkomen. En hoe duurder de buurt, hoe groter het voordeel. In steden als Den Haag en Rotterdam zijn de tarieven voor bewoners nog veel lager, de subsidie dus nog groter.

Ruimte voor woningen of natuur gaat op aan stilstaande auto's. Alsof elke voordeur vanzelfsprekend recht geeft op een parkeerplek, betaald door de gemeenschap. De VVD wilde dit in mei 2025 nóg verder oprekken: voortaan zou elke nieuwbouwwoning gepaard moeten gaan met gemiddeld 1,7 parkeerplaats. De partij die zegt te geloven in de kracht van de markt, legt zo projectontwikkelaars extra lasten op voor voorzieningen die soms niet nodig zijn. Het gevolg: hogere bouwkosten, nóg minder nieuwbouwwoningen en weer een zoveelste zetje richting stilstand.

Wie goed kijkt naar iets ogenschijnlijk gewoons als vervoer, ziet al snel welk vrijheidsbegrip bij de VVD de boventoon voert: de vrijheid om vaak en goedkoop te vliegen, om in de file te staan, en om je auto te parkeren op dure publieke grond voor een fractie van de werkelijke prijs. Ik pretendeer niet het monopolie te hebben op wat de ultieme vorm van liberalisme is, maar het schadebeginsel – dat jouw vrijheid stopt waar die van een ander begint – behoort wél tot de kern van het liberalisme. Vanuit dat principe is er weinig liberaals aan het verplaatsen van kosten en overlast naar anderen zonder dat daar een prijs tegenover staat. Een vrije markt vraagt om werkelijke prijzen, inclusief de schade die we elkaar aandoen.

De VVD, daarentegen, weerspiegelt een bredere wending in de tijdgeest, waarin vrijheid steeds verder wordt losgeweekt van verantwoordelijkheid en vooral de taal van het individu spreekt.

Tot nu toe ging het vooral over ónze vrijheid. Die van mensen hier: burgers met stemrecht, een huis, een auto. Terecht, want hun belangen beschermen is de eerste taak van onze bestuurders. Maar soms zijn er kleine, haast onopvallende besluiten, beleidsregels waar wij nauwelijks iets van merken, die voor anderen het verschil betekenen tussen vrijheid en onvrijheid, of zelfs tussen leven en dood. Je zou verwachten dat een partij die individuele vrijheid hoog in het vaandel voert, ook daar haar verantwoordelijkheid neemt. Toch treedt de VVD in zulke gevallen zelden liberaal op.

Vrijheid voor welke mensen?

In 2003 lanceerden de Verenigde Staten een ongekend gezondheidsprogramma. Met 110 miljard dollar (destijds ongeveer de volledige Nederlandse rijksbegroting) wilden de Verenigde Staten de hiv-epidemie bestrijden. Het werd de grootste investering ooit van één land om een ziekte uit te roeien. De onwaarschijnlijke held van dit verhaal: George W. Bush.

Samen met zijn vrouw Laura had hij een roman gelezen over achttiende-eeuws Gambia. Ze reisden erheen. Wat hij zag, een land dat in zijn ogen nauwelijks vooruitgang had geboekt sinds die tijd, bleef aan hem knagen. Intussen woedde de aidsepidemie in Sub-Saharaans Afrika in volle hevigheid. Tien miljoen doden. In sommige landen was een kwart van de bevolking besmet. Je kunt het je nu moeilijk voorstellen, maar aids was een bedreiging voor de toekomst van hele landen, en de vrijheid van tientallen miljoenen mensen.

In zijn memoires *Decision Points* schreef Bush later: 'Ik beschouwde Amerika als een vrijgevig land, met een morele verantwoordelijkheid om ons steentje bij te dragen aan het verlichten van armoede en wanhoop.' Zo ontstond PEPFAR: het President's Emergency Plan For AIDS Relief.

Inmiddels geldt PEPFAR als een van de succesvolste programma's aller tijden. Volgens experts heeft het programma tussen de 7,5 en 30 miljoen levens gered,[61] zelfs aan de voorzichtige kant van de schatting een ongekende prestatie. In 2024 ontvingen meer dan 20 miljoen mensen broodnodige hiv-medicatie via het programma. Meer dan de hele Nederlandse bevolking. President Bush, die met leugens over massavernietigingswapens in Irak honderdduizenden mensen de dood in joeg, werd zo tegelijkertijd de redder van miljoenen.

Wat Bush bewees, is simpel: mensen in rijke landen kunnen met een buitengewoon bescheiden bijdrage een gigantisch verschil maken in het leven van de armste mensen. De Verenigde Staten besteden slechts een minuscuul deel van hun rijksbegroting, minder dan 1 procent, aan ontwikkelingshulp, maar die hulp betekent elders het verschil tussen leven en dood. Althans, dat deden ze. Want de huidige president Donald Trump maakte daar grotendeels een einde aan.

Ook Nederland heeft een aantal sprekende voorbeelden van succesvolle ontwikkelingshulp op zijn naam staan. Zo waren wij een van de zes oorspronkelijke donoren van Gavi, The Vaccine Alliance. Deze organisatie heeft inmiddels honderden miljoenen kinderen ingeënt tegen gevaarlijke ziektes en naar schatting 1,5 miljoen levens gered. Ik vind belasting betalen net zo frustrerend als ieder ander, maar het idee dat een piepklein deel van onze collectieve bijdrage (0,62 procent van ons bbp in 2024) hierin een rol speelt, stemt me trots.

Dus waar plaatst de VVD zich: in de lijn van Bush, of toch die van Trump? In aanloop naar de Tweede Kamerverkiezingen van 2023 besloot de partij onder leiding van Dilan Yeşilgöz om vrijwel alle ontwikkelingshulp te willen schrappen, met als enige uitzondering noodhulp. Geen schoon drinkwater meer voor Zuid-Soedan, geen steun voor duurzame landbouw in Ethiopië. Geen hiv-remmers, geen vaccins. De vrijheid en waardigheid van mensen die bij geboorte het slechtste lot trokken, leek niet langer relevant.

En dat terwijl Nederland zich al in 1970, als lid van de OESO, publiekelijk had verbonden aan de afspraak om 0,7 procent van het nationaal inkomen te besteden aan ontwikkelingssamenwerking. De koers van de VVD heeft niets op met individuele vrijheid en veegt gedane beloften achteloos van tafel. Dit is de afslag-Trump.

Er zijn ongetwijfeld zelfverklaarde liberalen die dit prima vinden, zij die zich klassiek liberaal noemen maar in feite vooral conservatisme uitdragen. Maar wie de vrijheid van zijn landgenoten koestert, kan die van andere mensen van vlees en bloed niet achteloos aan zijn laars lappen. Effectieve hulp die levens redt, vergroot iemands keuzeruimte en kansen, zelfs met een minieme bijdrage. Dat is wat mij betreft liberale politiek, geen liefdadigheid. Het exacte percentage is minder heilig dan het principe: een kleine, voorspelbare norm om samen bij te dragen aan de vrijheid van andere mensen, waar ter wereld ze ook geboren zijn.

Natuurlijk valt er veel af te dingen op ontwikkelingshulp: mislukkingen, verspilling, bureaucratie. Maar er zijn ook programma's die hun waarde onomstotelijk hebben bewezen. Juist nu de Verenigde Staten zich terugtrekken, dreigen daar gaten te vallen, en zijn er geldschieters nodig. Wie zich liberaal noemt, kan het verwijt van inefficiëntie niet gebruiken als dekmantel voor morele gemakzucht of politieke lafheid.

Dat de staat er in de eerste plaats is voor zijn eigen burgers, is een liberaal uitgangspunt, en volkomen te verdedigen. Je wordt als vrij mens geboren, maar binnen een land dat je zonder je toestemming onderwerpt aan wetten en verplichtingen. Maar een zeer bescheiden contributie aan hulpprogramma's die aantoonbaar werken, is niet meer dan een fatsoenlijke en beschaafde bijdrage aan de individuele vrijheid van mensen elders.

Soms vraagt vrijheid geen geld, maar moed. Geen miljarden, maar de durf om je uit te spreken, juist wanneer de gemoederen hoog oplopen. Experts vertellen ons nagenoeg unaniem dat de Israëlische regering genocide pleegt in Gaza. Satellietbeelden vertellen ons dat er inmiddels nauwelijks nog iets overeind staat. Hulporganisaties vertellen ons dat het ontbreekt aan water, voedsel en medicijnen. In de Israëlische regering zitten ministers die openlijk racistisch zijn en pleiten voor etnische zuivering.

Als verdediger van een liberale wereldorde kun je dit niet accepteren. Juist in zo'n situatie zou je verwachten dat een partij die individuele vrijheid hoogacht, zich uitspreekt. De vrijheid van Palestijnen is immers niet minder waard dan de vrijheid van Israëliërs. Oorlog is nooit een vrijbrief voor misdaden tegen de menselijkheid. Aan de Universiteit van Oxford gaf ik les in Internationale Betrekkingen en in Internationale Veiligheids- en Conflictstudies, en dit is een schoolvoorbeeld van zulke misdaden. Op zo'n moment geef je als internationale gemeenschap aan wat de grenzen van het toelaatbare zijn.

Maar op de VVD hoef je daarbij niet te rekenen, dat zeggen ze ook zelf. Drie kritische leden schreven eind juni 2025 in een open brief in *de Volkskrant*: 'De VVD heeft de aanval op Israël van 7 oktober 2023 door Hamas altijd terecht veroordeeld als de onmiskenbare oorlogsmisdaad die het is. Over de vele oorlogsmisdaden die Israël daarna heeft gepleegd is de fractie muisstil gebleven. Dat is niet uit te leggen.'

Kwaad geschiedt als verstandige mensen een humanitaire catastrofe zien gebeuren, hun schouders ophalen en zuchten dat 'het ingewikkeld is'.

En hoe staat het met de vrijheid van dieren?

Vrijheid voor welke wezens?

Wat doe je als je de buurman op straat zijn hond een trap ziet geven? Loop je door, blijf je staan, ga je erop af? Spreek je je buurman aan, bel je de dierenpolitie of verkoop je hem een dreun zodat hij met zijn huisdier mee kan janken?

Mensen verschillen in wat ze vinden dat ze moeten doen als ze met wreedheid geconfronteerd worden. Maar helemaal onder aan dat morele lijstje staat profiteren van het leed van een ander.

Toch doen ruim 3 miljoen Nederlanders precies dát, dagelijks. Niet bij honden op straat, maar bij dieren die we zelden zien. Biggen wiens krulstaart zonder verdoving wordt afgefikt. Kalfjes die direct na hun geboorte bij hun moeder worden weggehaald.

Onthoornde lammetjes die nog voor hun eerste verjaardag zonder verdoving worden geslacht. Donzige kuikens die in zes weken worden vetgemest totdat ze door hun pootjes zakken, te midden van hun eigen uitwerpselen. Je hoeft geen bomenknuffelaar te zijn om in te zien dat dit barbaars is.

Het verschil met de geschopte hond: dit gebeurt uit het zicht. Als je er niet naar zoekt, word je zelden met de ongemakkelijke waarheid geconfronteerd. Denk je dat het allemaal wel meevalt? Laten we een quiz doen.

Vraag één: hoeveel landbouwdieren zitten jaarlijks in de nor van de Nederlandse vee-industrie? Antwoord: meer dan 400 miljoen, ruim twintig keer het aantal inwoners van ons land.

Vraag twee: hoeveel dieren worden er dagelijks in Nederland geslacht? We doden 1,5 miljoen kippen, 45.000 varkens en 5000 koeien per dág. Zet op de stadionstoelen van alle achttien eredivisieclubs een dier, en dan ben je nog niet eens op een kwart.

Vraag drie: hoeveel megastallen telde ons land in 2022? 946. Meer dan twee keer zoveel als in 2010.

Bonusvraag: op hoeveel leefruimte hebben jonge varkens recht in Nederland? Tussen de 0,2 en 1 vierkante meter. Zelfs op een studentenkamer in Amsterdam (lees: een bezemkast van 6 vierkante meter) kun je dus zes tot dertig varkens kwijt.

Het merendeel van deze miljoenen dieren, waarvan

sommige intelligenter zijn dan die sympathieke buurhond, heeft een leven dat op zijn best belabberd en op zijn slechtst gruwelijk is. Voor vriend Stijn was dit de reden om lang geleden te stoppen met vlees eten.

De Franse filosoof Descartes kon in de zeventiende eeuw nog wegkomen met de gedachte dat dieren gevoelloze machines zonder denkvermogen waren. Maar anno 2022 behandelt de bio-industrie ze nog steeds zo, ook al heeft de wetenschap die machinegedachte allang verpulverd. Varkens zijn sociaal, leergierig, razend intelligent. Ze tonen emoties, herkennen gezichten, voelen stress van soortgenoten. En koeien maken niet alleen nauwkeurig onderscheid tussen andere koeien, maar ook tussen mensen.

We zijn verontwaardigd als iemand zijn hond schopt. En terecht. Maar we sluiten collectief onze ogen voor wat zich dagelijks, systematisch, achter staldeuren afspeelt. En dat is makkelijk. Mijn collega Jelmer Mommers ging ooit op zoek naar varkens, in de openlucht, in Nederland. Hij vond ze niet. Want in 99 procent van de gevallen komen varkens alleen buiten als ze worden verplaatst, van de stal naar de slachterij.

Lang voordat de eerste megastal het landschap ontsierde, wezen de grondleggers van het liberalisme al op iets wat we tegenwoordig liever negeren: ook de vrijheid van dieren doet ertoe. Tegenover Descartes' kille logica, de gedachte dat dieren slechts machines zonder gevoel zijn, stond de Britse filosoof John Locke. Deze liberale denker geloofde al dat dieren pijn kunnen ervaren, en dat wreedheid tegenover ze verwerpelijk was.[62] Weliswaar niet alleen vanwege het dier zelf, maar vooral omdat zulke wreedheid ook de mens schaadt: het zou onze geest verharden en ons mededogen ondermijnen.

Ook Immanuel Kant vreesde vooral dat wreedheid tegen dieren tot wreedheid tegen mensen zou leiden. Wreedheid tegenover dieren, schreef hij, 'is in strijd met de plicht die de mens tegenover zichzelf heeft, omdat ze het vermogen tot medelijden verdooft. Daarmee tast ze een natuurlijke neiging aan die essentieel is voor onze moraal jegens andere mensen.'[63]

En dan is er John Stuart Mill, die stelde dat het moreel juiste datgene is wat het geluk vergroot en het lijden verkleint. In zijn berekening telde het leed van dieren mee.[64] Want pijn is pijn, of die nu wordt gevoeld door een mens of een varken.

Als ik over vrijheid schrijf, denk ik in de eerste plaats aan mensen. Dat geldt vermoedelijk voor de meeste liberalen. Maar wie zonder aarzelen ingrijpt als een buurman zijn hond een trap geeft, kan moeilijk wegkijken van de extreme *onvrijheid* van andere dieren die net zo goed pijn, angst en vreugde kennen. Het is moreel willekeurig om het lijden van een hond ernstig te nemen en dat van een varken, kalf of kip te negeren omdat het uit het zicht gebeurt. Een liberaal heeft in mijn ogen alle reden om de grens van verstikkende onvrijheid consequent door te trekken – ook naar deze wezens.

Zouden we John Stuart Mill uit zijn graf tillen en hem rondleiden door Nederland, dan zou hij zich waarschijnlijk kapot schrikken van onze industriële veehouderij. Nederland is, per vierkante kilometer, het grootste slachthuis van Europa. Bijna de helft van ons land wordt opgeslokt door de vee-industrie, vier keer zoveel als alle bebouwde gebieden bij elkaar. Op iedere hectare landbouwgrond proppen we in gewicht vier keer zo veel dieren als in de rest van Europa. Als politici beweren dat Nederland vol is, hebben ze dus gelijk. Vol met doodongelukkige dieren.

En we hebben dat titanische leger aan vee ook helemaal niet nodig om onszelf mee te voeden. Twee van de drie geslachte varkens eindigen in het buitenland. Geen land in de Europese Unie exporteert meer rund- en kalfsvlees dan Nederland. En ook de rest van de wereld zal niet verhongeren als we hiermee stoppen, want de dieren verbruiken meer voedsel dan ze opleveren. Voedsel uit dieren halen is net zo efficiënt als roeien met een pollepel, en elke efficiëntiewinst gaat ten koste van de toch al minimale levenskwaliteit van deze dieren.

Politieke partijen bezitten de macht om op te komen voor de vrijheid en waardigheid van landbouwdieren. Er loopt een duidelijke breuklijn tussen partijen die willen breken met Nederland als slachthuis van Europa, zoals de Partij voor de Dieren en D66, en partijen die vinden dat het zo wel genoeg is, zoals de PVV en BBB. Voor een partij die zichzelf als liberaal ziet, lijkt de keuze niet ingewikkeld. Toch heeft de VVD geen concreet doel om de veestapel terug te dringen. De partij verzet zich bovendien actief tegen het eerlijk beprijzen van vlees, bijvoorbeeld via een vleestaks die de verborgen kosten voor dierenwelzijn en klimaat deels zou doorberekenen.

De VVD spreekt zich weliswaar uit voor stappen richting beter dierenwelzijn, maar liet in haar verkiezingsprogramma van 2023 nadrukkelijk weten dat er ook voor de intensieve veehouderij een plaats blijft in Nederland. Dat is, op zijn zachtst gezegd, aan de magere kant. Binnen de partij bestaat het sympathieke initiatief Liberale Dierenvrienden, dat probeert het liberale kompas wat scherper te zetten. Dat is in elk geval een mooi begin, maar nog niet veel meer dan dat.

In 2023 gaf VVD'er Daan de Neef zijn Kamerzetel op, na jaren als loyaal lid en speechschrijver van Mark Rutte. Een van de breekpunten was voor hem het onvermogen van zijn partij om dierenwelzijn serieus te nemen. Hij is inmiddels lid van de Partij voor de Dieren.

Aan wiens kant staat de VVD?

De ene vrijheid is de andere niet. Wie zegt: 'Ik sta aan jouw kant,' moet erbij zeggen wiens kant hij bedoelt. Doe je dat niet, dan spreken de keuzes boekdelen. Wat we bij de VVD zien, is bovenal een vrijheid die niets vraagt en alles opeist. De vrijheid om te nemen zonder te geven, te vervuilen zonder te betalen, te consumeren zonder rekenschap af te leggen. Niet aan een buur, niet aan een kind, niet aan een varken.

De VVD belichaamt een culturele wending waarin vrijheid niet langer verbonden is met verantwoordelijkheid of gemeenschap, maar synoniem is geworden met het recht op gemak. Het 'Dikke Ik', zoals filosoof Harry Kunneman het noemde, is de burger die niets wil inleveren, maar overal recht op meent te hebben: op goedkoop vlees, een parkeerplek voor de deur, een vlucht naar Bali. Vrijheid wordt een egoïstische claim op comfort – verheffing is ingeruild voor vanzelfsprekendheid.

Vrijheid is daarmee niet langer een voorwaarde voor gezamenlijk floreren, maar een excuus voor het afwentelen van kosten op wie zwakker, later of verder weg is. Juist dat maakt dit alles zo fundamenteel onliberaal: het miskent dat vrijheid pas waarde heeft als ook de ander vrij kan zijn.

5

De VVD maakt boude beloften op migratie, maar levert nooit

'Mijn geweten zegt mij dat ik nooit een woord gesproken, nooit een regel geschreven, nimmer een stap heb gedaan om de gunst te bejagen, hetzij van het volk, hetzij van een vorst.' – Johan Rudolf Thorbecke, *Parlementaire redevoeringen* (1870)

In het verkiezingsprogramma van 2010 noemde de VVD 'het beperken van immigratie' als een van de prioriteiten.

Voor de verkiezingen van 2012 zou zij 'kansarme immigratie verder terugdringen'.

In het programma van 2017 wilde de partij eveneens 'controle krijgen over de migratiestromen'.

En in 2021? We gaan 'migratiestromen bedwingen', en nu voor het echie!

Vijftien jaar lang maakte de VVD deel uit van de regering, waarvan veertien jaar als grootste coalitiepartij. Soms met linkse partijen, zoals de PvdA; vaker met rechtse, zoals het CDA. Dertien jaar lang waakten VVD-bewindslieden over asiel, toen nog verankerd in het ministerie van Justitie en Veiligheid. Al die jaren maakte de partij grote beloftes, maar zelden stond het thema migratie zo centraal als in de verkiezingscampagne van 2023. En toen kreeg de VVD de ultieme kans haar plannen waar te maken, in een coalitie met de PVV, BBB en NSC.

Stel je een voorbijganger uit 2010 voor. Zet hem in een tijdmachine, geef hem deze beloftes van de VVD, de samenstellingen van de verschillende coalities, en laat hem er even op kauwen. Hij zal allicht aannemen dat Den Haag onder leiding van de VVD de immigratie in de afgelopen jaren flink heeft teruggedrongen.

Maar niets is minder waar. In 2010 arriveerden er 154.000 nieuwe immigranten. In 2021 waren dat er al 252.000. In 2022 steeg dat aantal tot 403.000, grotendeels het gevolg van de oorlog in Oekraïne. In 2023 daalde het licht naar 336.000, om in 2024 te stabiliseren op 316.000. Nog altijd meer dan het dubbele van het aantal in 2010.

Keer op keer horen we de VVD krachtige taal uitslaan over het beperken van immigratie. Maar telkens weer blijkt er weinig van terecht te komen. Ik noem het: de Grote Migratieleugen. Wat verklaart dat hardnekkige gat tussen retoriek en realiteit? Is het onmacht? Onwil? Of misschien beide?

Onmacht

Een van de wonderlijke aspecten van het migratiedebat is hoe vaak politici het hebben over de noodzaak van 'grip op migratie', terwijl ze zelden erbij zeggen dat daar grenzen aan zijn (niet lollig bedoeld). Alsof migratie een kraantje is dat je alleen maar hoeft dicht te draaien.

Nederland is lid van de Europese Unie. Dat weten de meesten wel. Minder bekend: van alle immigranten die sinds 2010 naar Nederland kwamen, had meer dan de helft een EU-paspoort[65] (of kwam uit een EFTA-land[66]). Dat is niet zomaar een detail, want binnen de EU geldt vrij verkeer van personen. Wie een EU-paspoort heeft, mag wonen, werken, studeren of vakantie vieren waar hij wil, zonder loketten, slagbomen en grensposten. Dus als we het over die groep hebben – meer dan de helft – dan is 'grip op migratie' sowieso een loze belofte.

Wil je daadwerkelijke grip op migratie, dan rest er eigenlijk maar één optie: de Europese Unie verlaten. Dat is een legitiem standpunt. Alleen: bijna niemand wil het. Zo'n 15 procent van de Nederlanders is voorstander van een Nexit, terwijl driekwart van de ondervraagden in de EU wil blijven.[67] De kans lijkt klein dat wij de voetsporen van de Britten volgen. Terecht, als je het mij vraagt, en de VVD denkt daar hetzelfde over.

Wat overblijft, is migratie van buiten de EU. Denk aan arbeidsmigranten, studenten, asielzoekers en aan mensen die hierheen komen voor hun gezin. Ook Nederlanders zelf brengen soms hun geliefde of kinderen mee uit het buitenland. Zo is een vriend van me pas getrouwd met een Amerikaanse. Ze woont nu, tot zijn grote vreugde, in Amsterdam.

Voor elk van deze groepen geldt: een meerderheid van de Nederlanders wil er minder van.[68] Maar zodra je het concreter probeert te maken, wordt het een lastiger verhaal.

Neem arbeidsmigratie. Het klinkt eenvoudig, minder mensen toelaten, totdat het gevolgen heeft voor onze keuzes, consumptie en publieke voorzieningen. Denk aan Filipijnse verpleegkundigen, Amerikaanse ingenieurs of Indiase IT'ers. Tijdens de formatie van het kabinet-Schoof werd gesuggereerd dat arbeidsmigratie flink beperkt zou worden. Prompt liet hightechbedrijf ASML weten dat het in dat geval elders zijn heil zou zoeken.

Dan de studenten. Misschien niet de groep waar de kiezer het meest van wakker ligt. Ja, je kunt deze groep ontmoedigen door meer opleidingen in het Nederlands aan te bieden. En dat zou dan ook effect hebben op studenten uit EU-landen,[69] die immers bijna driekwart van het totaal uitmaken.[70] Maar onder de VVD zijn onze universiteiten juist steeds verder verengelst.[71]

Niet zo gek ook, als je het mij vraagt, want onze wereld wordt nog altijd internationaler. We lezen Engelse boeken, kijken buitenlandse series, werken in teams met mensen in verschillende tijdzones, en gaan op vakantie naar plekken waar de enige Nederlanders ook op reis zijn. Engels is de lingua franca van de eenentwintigste eeuw. Dat kun je betreuren, maar het is een feit waaraan beleid zich moeilijk kan onttrekken.

Wat blijft er dan nog over? Asielzoekers en nareizigers. Minder dan 13 procent van de migratie in recente jaren bestond uit asielzoekers en nareizigers.[72] Niet veel, zou je zeggen. Wel is het zo dat deze groep, in tegenstelling tot bijvoorbeeld arbeidsmigranten, vaak langer blijft.[73] In de loop van de tijd groeit hun aandeel dus aanzienlijk.

Maar ook hier rijst de vraag: heeft de overheid daar werkelijk 'grip' op?

Mwah. Nederland is gebonden aan het VN-Vluchtelingenverdrag, aan het Europees Verdrag voor de Rechten van de Mens, en aan Europese wetgeving. Zo hebben we onszelf verplicht om mensen die vervolging vrezen vanwege hun afkomst, geloof, politieke overtuiging, een serieuze kans op bescherming te geven. Het is logisch en wenselijk dat we daarin in elk geval een steentje willen bijdragen.

Hoe werkt asiel? Zodra iemand in Nederland asiel aanvraagt, start er een procedure. De Immigratie- en

Naturalisatiedienst onderzoekt of iemand in aanmerking komt voor de status van vluchteling. Wordt de aanvraag afgewezen, dan volgen vaak bezwaar en beroep. Pas daarna kan gesproken worden over terugkeer. Maar zelfs dan blijkt die terugkeer een moeizaam traject: in de praktijk keert slechts zo'n 7 procent van de uitgeprocedeerden daadwerkelijk terug.[74] Bij elke verkiezing roepen partijen dat dit percentage omhoog moet, maar dat lukt niet. Met onwil heeft het niets te maken.

Dus hoe krijg je dan grip op migratie? Het eerlijke antwoord: mondjesmaat. Binnen de Europese Unie kunnen lidstaten afspraken maken over snellere asielprocedures, het terugsturen van asielzoekers uit zogeheten veilige landen, en over een eerlijkere verdeling van migranten tussen lidstaten. Precies dat is vastgelegd in het nieuwe EU-migratiepact, aangenomen in 2024 en van kracht vanaf juni 2026.

Onderdeel van het pact is ook dat kinderen uit veilige landen tijdelijk kunnen worden vastgezet in detentiecentra, in afwachting van hun uitzetting. Een harde consequentie van het streven naar meer controle. Een van de bouwers van deze wetgeving was VVD-Europarlementariër Malik Azmani. De VVD heeft dus niet helemaal stilgezeten. Maar tussen iets doen en alles in de hand hebben, ligt nog altijd een wereld van verschil.

Wat kunnen beleidsmakers nog meer doen? Ze kunnen de oorzaken van migratie proberen weg te nemen: oorlogen, dictaturen, repressie. Maar dat hebben zij niet in de hand. Je kunt de Europese buitengrenzen bewaken. Maar dat gebeurt al, steeds steviger, met Frontex. Wat rest, is ontmoediging: Nederland minder aantrekkelijk maken voor wie al binnen de EU is.

We wonen nu eenmaal in een vreselijk aantrekkelijk land. Een waanzinnig gaaf land, zou Rutte zeggen. Uiteindelijk is onze economie de krachtigste magneet voor nieuwkomers. Een land als Hongarije is veel minder populair bij migranten, maar daar is het mediane inkomen dan ook vier keer zo laag. Zoals socioloog Hein de Haas zegt: 'De beste manier om migratie tegen te gaan, is je economie te gronde richten.'

Maar ja, dat is natuurlijk niet wat de mensen willen horen. Als partijen kiezers willen winnen met een anti-immigratieboodschap, kiezen ze er telkens liever voor om luidkeels datgene te roepen waarvan ze diep vanbinnen weten dat het niet waargemaakt kan worden. Zelfs een kabinet met PVV, VVD, NSC en BBB krijgt nauwelijks iets voor elkaar op dit vlak. Dat zegt eigenlijk alles. De VVD deed de afgelopen jaren vol overtuiging mee aan deze poppenkast.

Onmacht is daarmee de eerste verklaring voor De Grote Migratieleugen. Het is een ontnuchterende boodschap aan kiezers die niet van migranten houden: misschien ís de hoge immigratie helemaal niet eenvoudig terug te dringen. Misschien zou daarvoor het volledige asielrecht op de schop moeten, iets wat alleen in Europees verband denkbaar is. Tenzij je bereid bent enorme offers te brengen, zoals een Nexit. Maar dat wil vrijwel niemand.

Onwil

Maar naast onmacht is er ook zoiets als onwil. In het land waar ikzelf al jaren woon, als immigrant, speelde migratie een hoofdrol in het Brexit-referendum van 2016. Een maand voor het referendum loeide Boris Johnson (destijds minister van Buitenlandse Zaken en overtuigd Brexiteer) dat er 'geen draagvlak was voor de omvang van de immigratie die we zien' en dat de situatie 'volledig uit de hand was gelopen'.

Nigel Farage ging nog een stap verder. Massa-immigratie, zei hij, maakte het land 'onherkenbaar'. Hij schetste een toekomst waarin een onafhankelijk Verenigd Koninkrijk het migratiesaldo (het verschil tussen komst en vertrek) zou terugbrengen tot zo'n 30.000 à 40.000. Het is precies het soort taal dat we ook in Nederland horen. In 2023 stelde Pieter Omtzigt een vergelijkbaar migratieplafond voor (waarvan we inmiddels ook weten dat er niets van terechtkwam).

Maar wat gebeurde er toen de Britten, eenmaal

verlost van de EU, zelf mochten bepalen wie het land binnenkwam? Het migratiesaldo steeg, en hoe. In 2022 liep het op tot bijna 700.000. Dat is meer dan twee keer zoveel als in 2016, het jaar van het referendum.

En nee, ze kwamen niet met illegale bootjes via het Kanaal. In 2022 kwam slechts 6 procent van de immigranten op die manier binnen.[75] Was de Britse regering dan plotseling van gedachten veranderd? Nauwelijks. De Conservatieven zaten nog steeds stevig in het zadel. En als het over migratie ging, waren ze feller dan ooit.

De waarheid is simpel, en daardoor des te pijnlijker: de Conservatieve Partij wílde een groot deel van de migratie helemaal niet terugdringen. Het Verenigd Koninkrijk heeft buitenlandse arbeidskrachten simpelweg keihard nodig. Buitenlanders zijn meer dan welkom, want ze moeten vacatures vullen. Het aandeel buitenlandse verpleegkundigen steeg van 16 procent in 2016 naar 27 procent in 2023.[76] Inmiddels komt 30 procent van de tandartsen uit het buitenland.[77] En onder de artsen ligt dat percentage zelfs op 35 procent.

Iets soortgelijks zien we bij de Italiaanse premier Giorgia Meloni. Jarenlang waarschuwde zij dat massa-immigratie de Europese identiteit vernietigt. Maar in de zomer van 2023 keurde haar regering in alle stilte een maatregel goed die tot 2025 ruimte biedt aan nog eens 452.000 arbeidsmigranten van buiten de EU. Ook Italië kan niet zonder hen.

Dit zijn de twee *dirty little secrets* van de Europese anti-immigratiebrigade. Eén: ze beloven veel meer dan ze ooit kúnnen waarmaken. En twee, misschien nog bedenkelijker, ze beloven dingen die ze in werkelijkheid helemaal niet wíllen waarmaken.

De Grote Migratieleugen in Nederland

In Nederland voltrekt zich hetzelfde patroon rond arbeidsmigratie. Kijk om je heen: naar de krantenbezorgers en schoonmakers, vrachtwagenchauffeurs en glastuinbouwers, bouwvakkers, distributiewerkers, Uber-chauffeurs en Flink-koeriers: een aanzienlijk deel van hen is afkomstig uit het buitenland. Of neem de slachterijen: daar is maar liefst 51 procent van de werknemers niet in Nederland geboren.

In 2021 woonden er vier keer zoveel arbeidsmigranten in Nederland als in 2006.[78]

Je moet wel een bord ter grootte van een grensmuur voor je hoofd hebben om het niet te zien: een beduidend deel van onze luxe, of in elk geval ons consumptiepatroon, is gestoeld op het werk van arbeidsmigranten. Stiekem weten we dat heus wel.

Ondertussen dwingt de vergrijzing ons tot een

eenvoudige conclusie: we hebben steeds meer mensen nodig om de vitale diensten in dit land te blijven leveren. In 1950 telde Nederland voor elke 65-plusser nog zeven werkenden tussen de 20 en 65 jaar. Vandaag zijn dat er nog maar drie. En over twintig jaar nog slechts twee.[79] Een slinkende bemanning aan de roeispanen, terwijl het dek voller en voller wordt. Het gevolg: structurele arbeidstekorten.

Neem de loodgieters. Hun tekort is in vijf jaar tijd verdubbeld.[80] Ook het personeelstekort voor de energietransitie heeft een recordhoogte bereikt.[81] En er is veel nieuwbouw nodig, maar bouwvakkers zijn er straks simpelweg niet genoeg: het aantal openstaande vacatures in de bouw stond in 2024 op 26.000.

In de zorg ziet de toekomst er helemaal dramatisch uit. Tegen 2032 wordt daar een tekort van 137.000 mensen verwacht.[82] Dat is zes keer een uitverkocht Galgenwaard. Ondertussen hebben meerdere tandartspraktijken in Nederland een patiëntenstop ingevoerd vanwege het gebrek aan vakmensen. In Zeeland is er één tandarts per 2500 inwoners.[83]

Heel veel landen kampen met vergelijkbare tekorten. Wat ons te wachten staat, is niets minder dan een internationale strijd om vakmensen. De Amerikanen, Britten, Polen, Duitsers, Japanners – ze hebben de afgelopen jaren allemaal speciale maatregelen genomen om buitenlandse arbeidskrachten aan te trekken.

Denk aan versnelde procedures of specifieke visa voor zorgpersoneel.

Tegelijkertijd zijn kiezers vaak opmerkelijk schizofreen in hun houding tegenover migratie. Toen Britten werd gevraagd of de immigratie 'te hoog' was, antwoordde 64 procent volmondig ja. Maar zodra je hun vraagt in welke beroepsgroepen er dan minder immigranten zouden moeten komen – artsen, verpleegkundigen, fruitplukkers, academici, bouwvakkers, IT'ers, horecapersoneel, studenten zelfs – blijkt dat ze voor élke groep juist positief zijn over het werven van nieuwkomers. Behalve als het om bankiers gaat (dat zal het trauma van de financiële crisis zijn). Naast politici zijn ook kiezers zelf inconsistent in hun migratievoorkeuren.

Leg je de werkelijkheid naast de verkiezingspraat, dan zie je: de VVD *doet alsof* ze immigratie enorm gaat indammen, maar als ze eenmaal aan de macht is, doet ze wat arbeidsmigratie betreft het omgekeerde. Want ze weet ook dat de economische gevolgen anders veel te groot zijn. Om toch de schijn hoog te houden dat ze 'streng op migratie' is, blijft ze verbolgen wijzen naar de (relatief kleine groep) asielzoekers, die ze vaak niet buiten de deur kán houden.

Persoonlijk heb ik geen enkele moeite met mensen die kritisch zijn op migratie. Het is een legitiem standpunt, dat hoort bij een democratie. Maar het vraagt wel om een eerlijk debat, een duidelijk beeld van wat er in de weegschaal ligt. Want laten we er geen doekjes om winden: als je het migratiesaldo in Nederland écht fors omlaag wilt brengen, dan ontkom je niet aan stevige offers.

Minder arbeidsmigranten betekent grote tekorten in sommige sectoren. En wie de grenzen daadwerkelijk wil controleren, zal eerlijk moeten pleiten voor een vertrek uit de EU. Veel succes daarmee, met alle respect, want we hoeven alleen maar naar de overkant van het Kanaal te kijken om te zien wat de prijs daarvan is.

Chaos in de asielketen

In de echte wereld, waarin Nederland een welwillend lid van de EU is, hebben we ondertussen wél grip op hoe we asielzoekers opvangen zodra ze voet op onze bodem zetten.

In 2022 ging Artsen zonder Grenzen, dat we vooral kennen van hulpacties in Gaza en Soedan, voor de eerste keer ooit aan de slag in Nederland. In Ter Apel, om precies te zijn, want daar sliepen honderden mensen buiten, was een tekort aan medicijnen en zagen wc's eruit als dixies na drie dagen Lowlands. 'Er is al eens polio in het riool aangetroffen,' zei huisarts Barbara Wauben tegen RTL.

Een incident? Dat is moeilijk vol te houden. De Algemene Rekenkamer onderzocht de opvangcapaciteit en kwam tot een pijnlijke conclusie: in de afgelopen 23 jaar is er maar liefst 21 keer te weinig begroot. Met andere woorden: de politiek trekt structureel minder geld uit dan uiteindelijk nodig blijkt, terwijl eerdere jaren al hebben laten zien dat dit patroon zich herhaalt. Toch weigert men de bakens te verzetten.

In 2022 werd er bijvoorbeeld 500 miljoen euro uitgetrokken voor het Centraal Orgaan opvang asielzoekers. Al snel bleek dat bedrag bij lange na niet toereikend. Er was uiteindelijk drie keer zoveel nodig. Wat volgde waren voorspelbare nieuwsberichten: over besmettelijke ziektes, over mensen in tentenkampen bij Ter Apel, over peperdure opvanglocaties op cruiseschepen en in hotels. Zo ontstaat een crisis die in wezen door de overheid zelf wordt gecreëerd. Cynisch bekeken is dat misschien zelfs de bedoeling: hoe urgenter de chaos, hoe groter de kans dat migratie opnieuw hét verkiezingsthema wordt. Het is zelfsabotage.

Een ander voorbeeld van zelfsabotage: het weren van asielzoekers van de arbeidsmarkt. Toen Oekraïense vluchtelingen in 2022 naar Nederland kwamen, werd voor het eerst de poort wijd opengezet. Ze mochten meteen werken. En dat betaalde zich terug: inmiddels heeft meer dan de helft van hen een baan, en dragen zij zo flink bij aan onze publieke voorzieningen. Goed voor de economie, goed voor de samenleving, en voor veel mensen het begin van echte integratie.

Vergelijk dat eens met de behandeling van asielzoekers. Syriërs mogen de eerste zes maanden helemaal niet werken. Daarna is een aparte werkvergunning nodig, aan te vragen vanuit een asielzoekerscentrum. Tot 2023 gold bovendien nog een bizarre beperking: maximaal 24 weken per jaar werken, ook voor mensen die jarenlang in de procedure zaten. Dankzij druk van onder meer D66 is die regel geschrapt. Maar het basisprobleem blijft: asielzoekers worden langdurig passief gehouden. Geen werk, geen eigen inkomen, geen netwerk, geen ritme. En dus ook: trage integratie, slechtere taalverwerving, grotere afhankelijkheid van voorzieningen.

Economisch is dit een kostbare vorm van stilstand. Sociaal is het een recept voor vervreemding. Toch stemde de VVD de afgelopen jaren consequent tegen voorstellen om de arbeidsmarkttoegang voor asielzoekers te verbeteren, zelfs wanneer het ging om kansrijke asielzoekers. In plaats van bij te dragen, moeten ze verplicht op hun handen zitten.

Meer dan de helft van de mensen in de bijstand is buiten Europa geboren. Van de Syriërs die tussen 2014 en 2016 naar Nederland kwamen, zat 38 procent in 2023 in de bijstand. Slechts een derde van de vrouwen werkte. Dat zijn grote problemen. Maar je hoofd in het zand steken en 'grenzen dicht' roepen gaat daar niets aan veranderen; beleid dat inzet op arbeidsdeelname wél.

Nog een voorbeeld van zelfsabotage: het blokkeren van de spreidingswet. Die moest ervoor zorgen dat asielzoekers eerlijker over het land verdeeld worden, zodat niet telkens dezelfde gemeenten en buurten de hele opvangtaak op zich nemen. Een eerlijke stap. Staatssecretaris Eric van der Burg (VVD) begreep dat en werkte hard aan de wet.

Maar zijn eigen partij, de VVD-fractie in de Tweede Kamer, stemde tegen. De wet werd uiteindelijk alsnog aangenomen, maar hij bleef niet lang overeind: in het hoofdlijnenakkoord van het kabinet-Schoof werd hij weer ingetrokken.

Chaos en slechte integratie worden door politici dikwijls zelf gecreëerd en aangemoedigd.

Al jaren is het gat tussen wat de VVD belooft en wat ze daadwerkelijk doet pijnlijk zichtbaar. Niet zelden verergert de partij de situatie met maatregelen die in het gunstigste geval kortzichtig zijn, en in het slechtste geval kwaadaardig. In hoeverre schuurt die koers ook met het liberalisme? En hoe zou een liberale migratiepolitiek er dan wél uit moeten zien?

Alles behalve liberaal

Ooit was het liberalisme een elitair project van de gegoede burgerij. In de negentiende eeuw hield het zich verre van het volk: steun voor het algemeen kiesrecht liet decennia op zich wachten. Na de Tweede Wereldoorlog, toen het fascisme was verslagen, kwam er weer zo'n kentering. Vrijheid werd niet langer uitsluitend begrepen als economische bewegingsruimte, maar als een waarde die verankerd moest worden in een democratische rechtsstaat en zelfs in universele mensenrechten.

Het liberalisme is dus geen handleiding met vaste beleidsinstructies. Het is een levend gedachtegoed, een stroming die zich telkens opnieuw uitvindt zodra ze botst op de grillen van haar tijd. Het stelt zichzelf vragen, soms beweegt het mee. Dat betekent ook: het liberalisme is niet per definitie voor of tegen streng migratiebeleid.

Maar liberalisme kent wel principes. Het verstand gaat boven de emotie. Het zoekt oplossingen in plaats van alleen problemen te benoemen. En het gelooft in gelijkwaardigheid van alle burgers. Vanuit die beginselen is het lastig om de migratiekoers van de VVD als 'liberaal' te duiden.

De VVD heeft de afgelopen jaren steeds meer gekozen voor het uitventen en versterken van emoties in het migratiedebat. Wat mogelijk is, wat onmogelijk is als lid van de EU, het werd zelden helder gemaakt. De apotheose daarvan kwam met de leugens van Dilan Yeşilgöz over nareis op nareis, zoals besproken in hoofdstuk 1. Toen de feiten naar boven kwamen, bleef elke vorm van correctie uit. De VVD verkoos de onderbuik boven het brein. Dat staat haaks op het liberale uitgangspunt dat burgers recht hebben op waarheidsgetrouwe, rationeel onderbouwde politiek.

Ten tweede: het liberalisme is niet alleen gericht op het signaleren van problemen, maar juist ook op het vinden van oplossingen. Het gaat ervan uit dat uitdagingen zich niet laten bezweren met holle frasen of populaire slogans. Toch heeft de VVD zich jarenlang schuldig gemaakt aan precies dat soort simplificatie. 'Grip op migratie'. De partij wakkerde onrust aan, benadrukte de dreiging, maar kwam nooit tot een werkende aanpak. Sterker nog: ze versterkt de chaos door structureel te laag te begroten voor opvang, asielzoekers werk te ontzeggen en te zwabberen rond de spreidingswet.

Waar terughoudendheid in woorden en voortvarendheid in daden het liberale ideaal zou zijn, deed de VVD precies het omgekeerde: ze werd een brandstichter zonder blusdeken.

Lange tijd kon men zich nog verschuilen achter

het excuus van linkse blokkades, bijvoorbeeld in Rutte II met de PvdA. Maar dat excuus viel weg met de komst van het kabinet-Schoof, waarin de PVV de toon mocht zetten. Ook daar bleek: beleid is weerbarstiger dan de belofte. En daarmee werd zichtbaar wat al die tijd was genegeerd: migratie is geen eenvoudige knop waar je even aan draait. De VVD wist dat, maar behandelde haar kiezers alsof ze niet op zoek waren naar werkbare oplossingen voor het probleem, maar alleen naar de ontlading van hun eigen verontwaardiging.

Wie lang genoeg doet alsof de burger alleen geïnteresseerd is in sentiment, kweekt uiteindelijk precies zo'n burger.

Maar het derde en belangrijkste punt is dit: het liberalisme begint en eindigt met het gelijkheidsbeginsel. Ieder mens, ongeacht afkomst, overtuiging of achtergrond, heeft recht op gelijke behandeling. Dat vergt respect. Voor liberalen is dat respect niet onderhandelbaar. Voor de VVD is het dat inmiddels wel.

Neem het moment in augustus 2017 toen premier Rutte tijdens *Zomergasten* zei: 'Pleur op.' De uitspraak was gericht aan Turks-Nederlandse demonstranten die een journalist hadden geïntimideerd. Veel mensen begrepen de vier woorden die je daaraan vast kon plakken ('naar je eigen land'). Als tiener hoorde ik dat soort taal in de voetbalkantine van Bunnik '73. Nu kwamen ze uit de mond van de minister-president.

Waar een liberaal het individu aanspreekt op gedrag, en daarin niet schroomt om bikkelhard te zijn, ging Rutte een stap verder. Hij maakte in feite een onderscheid tussen twee soorten burgers. Zijn boodschap was niet alleen dat bepaald gedrag onacceptabel was – iets wat voor iedereen zou moeten gelden – maar dat het burgerschap van sommigen daarbij ter discussie stond. Wie elders geworteld is, hoort er alleen bij onder voorbehoud. Hetzelfde zag je in Ruttes open brief aan alle Nederlanders. 'Doe normaal of ga weg.'

Deze brief is een schoolvoorbeeld van wat Bas Erlings, voormalig campagnestrateeg van Mark Rutte, in zijn boek *Het spel van de populist* beschrijft: hoe de VVD de populist probeerde te verslaan door zelf deels hun spel mee te spelen. Hier wordt het spanningsveld zichtbaar tussen het voeren van een effectieve campagne en het trouw blijven aan liberale uitgangspunten.

Want de boodschap was helder: sommigen horen er vanzelfsprekend bij, anderen slechts onder voorwaarden. Ook al ben je hier geboren. Ja, een liberaal is streng voor wie misbruik maakt van verworven vrijheden. Maar ze kent geen gradaties in burgerschap. Ze spreekt mensen aan als individu, niet als lid van een groep waarin ze geplaatst worden. De VVD draaide dat principe om.

Het bleef niet bij woorden alleen. De uitholling van het gelijkheidsbeginsel kreeg ook een politieke vertaling door de samenwerking met de PVV. Al in 2006 pleitte Geert Wilders voor het schrappen van artikel 1 van de Grondwet: het artikel dat discriminatie verbiedt. Zijn doel was helder: ruimte scheppen om moslims ongelijk te behandelen. Sindsdien is zijn koers alleen maar explicieter geworden. Moskeeën moeten sluiten. De Koran moet verboden worden. En ook 'islamitische uitingen', wat dat ook precies mogen zijn, moeten verdwijnen uit de publieke ruimte.

De VVD heeft de deur naar diezelfde PVV niet alleen geopend, maar is er ook doorheen gestapt.[84] Zo legitimeerde Yeşilgöz de middelvinger richting migranten. De standpunten van Geert Wilders diskwalificeerden hem niet langer als coalitiepartner. De VVD maakte normaal wat niet normaal is.

Als je de rede opgeeft, problemen verkoopt zonder oplossingen en burgers niet langer gelijk behandelt, ben je niet 'realistisch', dan ben je gewoon niet liberaal.

Je zou kunnen zeggen: makkelijk praten. Het is niet zo moeilijk om een partij de maat te nemen op een thema dat zo complex is als migratie.

Zo'n 38 procent van de Nederlanders vindt dat er te veel buitenlanders in ons land wonen; een even groot deel wil de migratie uit moslimlanden helemaal stopzetten. En 51 procent vindt dat de overheid de bouw van nieuwe moskeeën moet verbieden.[85] (Zo liberaal is de kiezer dus ook weer niet.) Zo'n 68 procent wil het jaarlijkse aantal immigranten naar beneden bijstellen.[86]

Toch laat langlopend onderzoek zien dat mensen (ja, echt) iets positiever over migratie zijn gaan denken. Tussen 2002 en 2020 groeide het aandeel Nederlanders dat vindt dat immigranten onze economie en cultuur verrijken en Nederland een beter land maken om in te leven. Dat klinkt ongelooflijk – de PVV is toch groter dan ooit? – maar belangrijk is daarbij wel te vermelden dat Nederlanders al heel lang overwegend kritisch zijn over migratie, maar dat die houding zich eerder minder sterk vertaalde in stemgedrag.

Een deel van het antimigratiesentiment komt voort uit reële zorgen. Maar er zijn ook duidelijke aanwijzingen dat opvattingen worden aangejaagd en uitvergroot door politici en media. In Groot-Brittannië, bijvoorbeeld, noemt 32 procent van de ondervraagden migratie als een van de grootste problemen voor het land. Maar zodra je vraagt naar de problemen in hun eigen leven, daalt dat percentage naar 4 procent.[87] 'Met mij gaat het goed, met ons gaat het slecht' is een treffende uitspraak van voormalig directeur van het Sociaal en Cultureel Planbureau Paul Schnabel. Natuurlijk, politieke standpunten zijn niet alleen egocentrisch (hoe gaat het met mij), maar ook sociotropisch (hoe gaat het met ons). Maar 4 procent is wel erg mager.

Uit ander onderzoek blijkt dat burgers in bijna alle rijke landen schromelijk overschatten hoeveel migranten er in hun land wonen. Amerikanen denken dat het 33 procent is; in werkelijkheid is het 15.

Het liberalisme loopt niet slaafs achter meerderheidsopvattingen aan. Maar het moet op z'n minst in staat zijn een helder antwoord te formuleren op zorgen die onder brede lagen van de bevolking leven. Daar wringt het. Niet alleen in Nederland, ook daarbuiten. Het is tevens een hardnekkig misverstand om te denken dat het liberalisme per definitie pro-migratie zou zijn, of dat liberalen zich verre moeten houden van elke poging de status quo te herzien. De vraag is niet óf er iets moet veranderen, maar hóe.

Dit essay is niet de geschikte plek voor een uitgewerkt antwoord daarop, maar ik wil toch wat contouren schetsen.

Wat is dan wél liberaal migratiebeleid?

Liberaal migratiebeleid moet beginnen bij het eerlijke verhaal. En bij de moed om uitspraken die dat verhaal geweld aandoen, resoluut te slopen. Neem de term 'grip op migratie': een kortzichtig frame dat pas betekenis krijgt wanneer het wordt uitgesplitst naar EU en niet-EU, naar arbeidsmigratie, studiemigratie, asiel. Zeggen dat migratie 'onder de streep' flink omlaag moet, terwijl je in achterkamertjes erkent dat arbeidsmigratie economisch onmisbaar is, is inconsequent en op termijn funest voor het draagvlak van beleid.

Canada biedt een mooi voorbeeld hoe het ook kan. Dat land hanteert een puntensysteem. Taalvaardigheid en werkervaring tellen daarin mee. En wie een aanbod voor een baan heeft, krijgt extra punten. Periodiek wordt de balans opgemaakt: wie de meeste punten heeft, krijgt een tijdelijk werkvisum. Zo wordt de instroom afgestemd op de vraag vanuit de economie. Niet toevallig meent bijna 70 procent van de Canadezen dat migratie hun economie ten goede komt.

Maar het heetste hangijzer blijft het asielvraagstuk. Dat het huidige systeem niet werkt, lijkt me inmiddels moeilijk te ontkennen. Vluchtelingen buiten Europa hebben nauwelijks rechten. Maar wie erin slaagt de grens over te steken, verwerft opeens een breed scala aan rechten, vaak pas na een uitzichtloze, levensgevaarlijke reis. Tussen rechteloosheid en erkenning ligt een dodelijke tocht over de Middellandse Zee. Meer dan 28.000 mensen zijn daar inmiddels verdronken.[88]

Onder hen het Syrische jongetje dat in 2015 aanspoelde op een strand en voor even het geweten van Europa leek wakker te schudden.

Tegelijkertijd ervaren Nederlanders asielmigratie als iets wat hun simpelweg overkomt, een groep zonder duidelijke grens, zonder zicht op wie wel of niet mag blijven. Het gevolg is een situatie waarin het slechtste van twee werelden samenkomt.

Ook hier valt van Canada te leren. Dat land neemt jaarlijks ongeveer 30.000 mensen op die al vooraf zijn gescreend en erkend door de VN-vluchtelingenorganisatie in de regio waar zij oorspronkelijk verbleven. Mensen hoeven hun leven niet eerst te riskeren, de staat behoudt de regie, en burgers weten waar ze aan toe zijn.

Dat is een aantrekkelijk ideaal, maar de Middellandse Zee is nu eenmaal eenvoudiger over te steken dan de Atlantische Oceaan. Toch geloof ik dat Nederlanders, en Europeanen in bredere zin, liever instemmen met een gecontroleerde, stabiele toelating van asielzoekers dan met het huidige dodelijke parcours via zee. Ook durf ik de stelling aan dat Nederland met zo'n proces bereid is om méér mensen op te nemen dan met de huidige chaos.

Maar aan dat scenario ontsnap je niet zonder afspraken met Noord-Afrikaanse regimes die bepaald niet uitblinken in democratische deugden, of in het beste geval met een land als Albanië. Dat is wrang, maar nóg wranger is de status quo, als je het mij vraagt. Het is kiezen tussen kwaden. Handhaving is onmenselijk, het huidige systeem ook. Juist daarom vereist het moed om eerlijk te zijn, ook wanneer het ongemakkelijk wordt.

Die eerlijkheid betekent ook dat internationale verdragen, zoals het VN-vluchtelingenverdrag, moeten worden aangepast aan de realiteit van nu. De VVD bepleit dit ook, maar roept daarbij steevast 'opvang in de regio' als uitgangspunt. Zelden wordt erbij gezegd dat dit al grotendeels gebeurt. In 2020 waren zo'n 8,5 miljoen Syriërs hun land ontvlucht; de top 3 bestemmingen waren Turkije, Libanon en Saudi-Arabië. Twee derde van de vluchtelingen bleef daar.[89]

Het liberale uitgangspunt zou niet moeten zijn dat Nederland helemaal niets doet voor vluchtelingen, maar dat het zoekt naar beleid dat zoveel mogelijk recht doet aan mensenrechten én maatschappelijke draagkracht. Het vraagt om het vermogen om ongemakkelijke waarheden onder ogen te zien en tegelijk de menselijke maat vast te houden.

Dat is geen eenvoudige route. Maar wat je in elk geval níet moet doen, is olie op het vuur gooien zonder vooraf een plan te hebben om het vuur te blussen. Precies dat is wat de VVD jarenlang wél deed. En het heeft niemand iets gebracht: niet de voorstander van migratie, niet de tegenstander. Niet de liberaal, niet de conservatief. Wat resteerde was wantrouwen, vervreemding en onmacht.

Slotwoord

'Op wie ga jij stemmen?'

Ik vraag het aan Stijn, op een zondagavond in aanloop naar de Tweede Kamerverkiezingen van 2025. Hij heeft dit boek gelezen, mij zo nu en dan terecht gewezen op punten die de VVD wél goed deed, maar zegt vaak geschrokken te zijn van het verschil tussen zijn beeld van de partij en de keuzes die zij in werkelijkheid maakte. Het enthousiasme is vrijwel verdwenen.

Toch kaatst Stijn de bal terug: wie dan wél? Als ondernemer voelt hij zich door andere partijen amper aangesproken. Het lijkt soms alsof de VVD een monopolie bezit op het idee dat zij opkomt voor hardwerkende Nederlanders. Zelfs als de praktijk teleurstelt, blijft het beeld hardnekkig overeind. En partijen die dat niet weten uit te stralen, vallen voor veel kiezers automatisch af.

Natuurlijk bevat dit boek een opdracht aan de VVD. Blijft zij vasthouden aan de koers-Yeşilgöz, die meende de slang aan haar borst te moeten klemmen en daarin jammerlijk faalde, dan zal de partij ons land nog meer schade berokkenen. Elke liberaal heeft er belang bij dat de VVD enkele principes hervindt: het primaat van verstand boven emotie, de overtuiging dat hard werken moet lonen, het respect voor feiten boven slogans, en de bescherming van minderheden tegen de willekeur van de meerderheid. En er zijn gelukkig liberale VVD'ers die zich hiervoor inzetten, zoals Erik Verweij, raadslid voor de Rotterdamse VVD.

Maar terwijl ik Stijn aanhoor, dringt zich ook een opdracht op aan andere partijen – in het bijzonder die zich als liberaal afficheren, zoals D66 en Volt. Ja, zij komen er in dit boek relatief goed van af, maar vooral omdat het in de eerste plaats niet over hen gaat. Als de VVD haar liberale kern niet weet te bewaken, waarom hebben juist deze partijen die ruimte dan nog niet gegrepen? Wanneer de kans om dé liberale partij van Nederland te worden voor het oprapen ligt, is het de hoogste tijd dat zij die grijpen. Misschien begint dat wel met geloofwaardiger opkomen voor de hardwerkende Nederlander dan de VVD zelf.

Sommige VVD'ers, zoals mijn schoonvader Emile, zullen hun thuis misschien eerder vinden bij de immer fatsoenlijke Henri Bontenbal en het CDA. Onlangs zat hij bij *Vandaag Inside*, waar Jack van Gelder zich woedend uitliet over asielzoekers. Nadat hij kortstondig was platgewalst door de bekende stormram, herpakte Bontenbal zich kalm: 'Wat ik als politicus kan doen, is niet voortdurend alleen maar reageren op het gevoel.

Ik moet onderbouwen op basis van feiten en cijfers. Als dingen niet kloppen, kan ik de populist uithangen en zeggen wat mensen willen horen; ik doe het niet. Het staat iedereen vrij om te stemmen wat ze willen, maar ik ga geen dingen zeggen die niet waar zijn.'

Daar kan de VVD nog iets van leren. Maar het CDA is geen liberale partij. Het zijn christendemocraten, met de nadruk op gezin en gemeenschap, niet op het individu. Een grote overwinning voor Bontenbal als gevolg van de neergang van de VVD zou vooral een teken zijn van het falen van partijen die zich wél liberaal noemen. Ondertussen zullen veel kiezers, opgehitst door loze beloften die de VVD jarenlang heeft rondgestrooid, hun toevlucht zoeken bij partijen als JA21 – partijen die, anders dan Bontenbal, amper interesse tonen in oplossingsgerichte politiek.

De opdracht om het liberalisme te verdedigen ligt overigens niet alleen bij partijen, maar ook bij burgers. Bij mensen zoals jij en ik. Wij groeiden op in een van de meest welvarende landen, in de meest welvarende periode die de wereld ooit heeft gekend. In bijna elk opzicht hebben wij het beter dan 99,99 procent van alle mensen die ooit hebben geleefd, en nog altijd worden geboren. De vrijheid die dat met zich meebrengt is geen vanzelfsprekendheid, maar een verantwoordelijkheid.

Elke liberaal die begrijpt dat een constructief compromis geen landverraad is maar landsbehoud; die bereid is te luisteren naar onvrede zonder erdoor meegesleurd te worden; die de moed heeft ook de eigen dogma's kritisch tegen het licht te houden – die liberaal heeft niet alleen de kans, maar de plicht om dit land vooruit te duwen.

Dat kan in de woonkamer zijn, aan de werktafel, in het buurtcafé. Soms luid, soms stil. Soms als deelnemer aan het debat, soms door eenvoudig te weigeren mee te hollen met de waan van de dag. Want wie de afgelopen twee jaar keek naar Wilders, Van der Plas, Yeşilgöz en de hunnen, kan niet anders concluderen dan dat Nederland beter kan. Veel beter. En wie gelooft dat verstand en fatsoen sterker zijn dan angst en verdachtmaking, mag zich nooit laten wegdrukken.

Vond je dit een leuk boek? Geef het cadeau aan een vriend, familielid of collega – aan je favoriete VVD'er.

Woord van dank en verantwoording

Grote dank aan de VVD'ers die zo openhartig met mij in gesprek wilden gaan, onder wie Stijn en Emile. Veel dank ook aan de scherpe meelezers: Jaap Jansen, Thijs Broer, Bas Heijne en Adriaan Dirven. Roos van Tongerloo, mijn eindredacteur bij De Correspondent, ben ik bijzonder dankbaar: dankzij haar schreef ik vele verhalen over de VVD. En natuurlijk ook dank aan alle slimme en fijne collega's bij De Correspondent, met wie ik al jaren met plezier samenwerk. Wie meer verhalen wil lezen en onze onafhankelijke journalistiek wil steunen, kan lid worden van De Correspondent. Dank ook aan Mart Veldhuis, de illustrator van de omslag (en iemand van wie ik groot fan ben), voor de prettige samenwerking. Mijn redacteur Marieke van Oostrom ben ik dankbaar voor haar waardevolle hulp en inzichten, en Mai Spijkers voor het vertrouwen in dit project. Het meest dankbaar ben ik mijn moeder Cathy, mijn broer Lucas en mijn vriendin Kaat, die niet alleen geduldig meegenieten van de drukte wanneer ik het weer eens op m'n heupen krijg, maar ook nooit schromen hun eerlijke mening over mijn werk te geven.

In dit boek onderbouw ik veel uitspraken met cijfers en bronnen. Om de leesbaarheid te behouden, heb ik ervoor gekozen alleen eindnoten te gebruiken bij cijfers of uitspraken die niet eenvoudig te vinden zijn via een online zoekmachine. Zo blijft de tekst toegankelijk, terwijl de herkomst van belangrijke gegevens toch controleerbaar is. Staat de bron van een stelling of cijfer niet in de eindnoten, stuur me dan gerust een mail via simonvanteutem@decorrespondent.nl.

Noten

1 Voor het wetenschappelijk bureau van de VVD schreef Andreas Kinneging in *Liberalisme. Een speurtocht naar de filosofische grondslagen* hier het volgende over: 'Het is van essentieel belang voor het goede functioneren van de democratie dat de meerderheid zich voortdurend realiseert dat de meerderheidsregel niet bestaat om het individuele domein van de meerderheid te handhaven, of ten koste van de minderheid uit te breiden, maar om het individuele domein van allen te handhaven.' Bron: RUG.

2 In deze bespiegelingen schaarde de VVD zich vaker bij de klassiek-liberalen, met meer nadruk op vrijheid dan bij de sociaalliberalen, die weer meer nadruk leggen op gelijkheid. Zo droeg de VVD bij aan de dominantie van het marktdenken. Dit marktdenken, en de opkomst van wat vaak 'neoliberalisme' wordt genoemd, was overigens net zo goed het werk van ambtenaren, ondernemers en technocratische ministers. De grootste kracht van dit wereldbeeld lag juist in het feit dat het zelden als ideologie werd gepresenteerd. Een uitgebreide bespreking zou ons hier te ver voeren, maar wie meer wil weten kan terecht bij het uitstekende boek *Neoliberalisme. Een Nederlandse geschiedenis* van Merijn Oudenampsen en Bram Mellink.

3 De zogenaamde Fraudewet (de Wet aanscherping handhaving en sanctiebeleid SZW-wetgeving), waardoor bijstandsgerechtigden en uitkeringsontvangers bij minimale foutjes de volledige uitkering terug moesten betalen en een grote boete kregen, werd door VVD-staatssecretaris De Krom uit het kabinet-Rutte I door het parlement geloodst. Bron: Parlement.com

4 De formatie duurde lang, deels vanwege de notitie 'Omtzigt functie elders' die per ongeluk gelekt werd door verkenner Kajsa Ollongren. 'Hier scheiden onze wegen,' zei Sigrid Kaag (D66) tegen Mark Rutte (VVD). 'Wij stappen niet in kabi-

net-Rutte IV,' zei Gert-Jan Segers een paar dagen later.

5 *Trouw*, Fleur Agema (PVV): Na de aanval op Israël heeft iedereen gezien dat Geert Wilders niet extreemrechts is, 2023, URL: https://www.trouw.nl/politiek/fleur-agema-pvv-na-de-aanval-op-israel-heeft-iedereen-gezien-dat-geert-wilders-niet-extreemrechts-is~b72f1517/

6 De hele brief is hier te lezen: https://zoek.officielebekendmakingen.nl/blg-811812.pdf

7 I&O Research, I&O zetelpeiling: PvdA/GL en VVD virtueel aan kop, 2023, URL: https://www.ipsos-publiek.nl/actueel/io-zetelpeiling-pvda-gl-en-vvd-virtueel-aan-kop/

8 De uitspraken van Brekelmans waren geen strategie, maar zetten de partij wel aan het denken.

9 *EenVandaag*, Kiezers NSC, VVD en BBB vinden dat hun partij open moet staan voor kabinet met Geert Wilders, ook als hij premier wordt, 2023, URL: https://eenvandaag.avrotros.nl/opiniepanel/uitslagen/kiezers-nsc-vvd-en-bbb-vinden-dat-hun-partij-open-moet-staan-voor-kabinet-met-geert-wilders-ook-als-hij-premier-wordt-147549

10 NOS, Rutte en Yeşilgöz: lagere nareiscijfers of niet, val kabinet was onvermijdelijk, 2024, URL: https://nos.nl/artikel/2510637-rutte-en-yesilgoz-lagere-nareiscijfers-of-niet-val-kabinet-was-onvermijdelijk

11 Het hele citaat van Mark Rutte: 'Er was op twee cruciale onderdelen geen overeenstemming. Dat is het beperken van de nareis voor oorlogsvluchtelingen. Dat is een betekenisvolle maatregel die gaat om grote aantallen, zowel direct als indirect. Het tweede waar geen overeenstemming over was, zeg ik tegen de heer Paternotte, ondanks zijn eerdere interruptie op mevrouw Hermans, is de nareis op nareis. Ik heb geschetst waarom. Dat is ook een belangrijke maatregel om eruit te komen. Als je niet uit de nareis komt vanwege het feit dat er geen onderscheid mag worden gemaakt tussen oorlogsvluchtelingen en verdragsvluchtelingen, dan kom je er zeer waarschijnlijk ook niet uit als het gaat om de nareis op nareis. Er was dus helemaal geen overeenstemming over de nareis op nareis. Er lagen goede maatregelen klaar, waarvan een aantal uiteindelijk ook vanwege afspraken in Europa en het voldoen aan de Europese regelgeving sowieso noodzakelijk was. Ik loop er niet voor weg. Er lag een goed pakket. Maar in de

optelsom was dat naar mijn overtuiging echt volstrekt onvoldoende om er betekenisvol voor te zorgen dat je in staat was om de asielstroom deze zomer en de komende zomers onder controle te krijgen op een manier dat er in Nederland draagvlak blijft voor ons asielbeleid, maar je ook zorgt dat mensen die hiernaartoe komen uiteindelijk op een fatsoenlijke manier worden opgevangen en dat je ze naar een startplek in de samenleving brengt waardoor ze ook een reële kans hebben in dit land om vooruit te komen.' Bron: Tweede Kamer

12 Tweede Kamer, 104e vergadering, maandag 10 juli 2023, URL: https://www.tweedekamer.nl/kamerstukken/plenaire_verslagen/detail/2022-2023/104

13 I&O Research, Politieke peiling Tweede Kamer (20-11), 2023, URL: https://206.wpcdnnode.com/ipsos-publiek.nl/wp-content/uploads/2023/11/politieke-peiling-november-iii.pdf

14 Staatsrechtelijk is dit nogal merkwaardig, want de fractievoorzitters zaten allemaal in de Tweede Kamer, en moesten het beleid van de ministers daar controleren.

15 Centraal Bureau voor de Statistiek, Jongeren die graag het huis uit willen lukt dat minder vaak, 2024, URL: https://www.cbs.nl/nl-nl/nieuws/2024/25/jongeren-die-graag-het-huis-uit-willen-lukt-dat-minder-vaak

16 In het kabinet-Schoof verdampte vrijwel het hele verkiezingsprogramma van de PVV, vooral de radicale plannen over islam, klimaat en de Europese Unie. Wie heel vrijgevig is, zou dat nog als verdienste van de VVD kunnen zien. Maar veel van die voornemens waren bij voorbaat al niet meer dan symboliek.

17 NOS, Kabinet-Schoof bereikte minder dan kabinetten-Rutte in dezelfde tijd, 2025, URL: https://nos.nl/nieuwsuur/artikel/2570092-kabinet-schoof-bereikte-minder-dan-kabinetten-rutte-in-dezelfde-tijd

18 Het nieuwe partijprogramma verving alleen 'staat' voor 'overheid'. Hardwerkende Nederlanders moeten natuurlijk niet van luiheid beticht kunnen worden.

19 En als de staat daar toch een beroep op doet, dan is het niet meer dan redelijk dat lage en middeninkomens zoveel mogelijk worden ontzien ten opzichte van de miljardairs – via een progressief belastingstelsel.

20 Centraal Planbureau, De Nederlandse economie in histo-

risch perspectief: Inkomsten en uitgaven van de overheid (lasten naar type, sinds 1950), 2023, URL: https://www.cpb.nl/de-nederlandse-economie-in-historisch-perspectief-inkomsten-en-uitgaven-van-de-overheid

21 Voor pak 'm beet twee derde van de Nederlandse werknemers geldt dat van elke extra verdiende euro 40-60 procent wordt belast. Bron: ESB, Belastingdruk bij méér werken minder hoog dan vaak gedacht, 2023, URL: https://esb.nu/belastingdruk-bij-meer-werken-minder-hoog-dan-vaak-gedacht/

22 De lasten op inkomen en arbeid zijn weliswaar iets lager dan het basispad, maar nog altijd hoger dan in 2024. Ook in het coalitieakkoord voor het inmiddels gevallen kabinet dat volgde gingen de lasten op inkomen en arbeid flink omhoog, en die op vermogen en winst juist naar beneden.

23 *ESB*, Fundamentele hervorming van belastingen op kapitaalinkomen, 2019, URL: https://esb.nu/fundamentele-hervorming-van-belastingen-op-kapitaalinkomen/

24 Sociale klasse wordt hier bepaald door een mix van opleiding en beroep. Bron: Ipsos.

25 Algemene Rekenkamer, Schenkingsvrijstelling eigen woning, 2017, URL: https://www.rekenkamer.nl/publicaties/rapporten/2017/12/06/schenkingsvrijstelling-eigen-woning

26 Tweede Kamer, Dossier 34047 nr. 17, URL: https://zoek.officielebekendmakingen.nl/kst-34047-17.html

27 Centraal Bureau voor de Statistiek, Bijna 1 op 3 arme mensen heeft problematische schulden, 2025, URL: https://www.cbs.nl/nl-nl/nieuws/2025/30/bijna-1-op-3-arme-mensen-heeft-problematische-schulden

28 NOS, Kabinet komt met 20 miljard euro voor Groningen, fors minder dan gevraagd, 2023, URL: https://nos.nl/collectie/13902/artikel/2472166-kabinet-komt-met-20-miljard-euro-voor-groningen-fors-minder-dan-gevraagd

29 Rijksoverheid, Miljoenennota, Belastingplan, begrotingen en bijbehorende stukken, 2025, URL: https://www.rijksoverheid.nl/onderwerpen/prinsjesdag/miljoenennota-en-andere-officiele-stukken

30 Het Toeslagenschandaal is niet alleen de erfenis van de VVD, maar ook van een groot deel van de Tweede Kamer en de media, zo liet Jesse Frederik overtuigend zien in het boek *Zo hadden we het niet bedoeld*. De compensatieregeling voor

Groningers werd geregeld door Hans Vijlbrief (D66).
31 Baker et al. (2024), Hollenbeck et al. (2024), Matsuzawa & Arnesen (2024).
32 AFM, 'Buy Now, Pay Later' Marktupdate, 2024, URL: https://www.afm.nl/~/profmedia/files/rapporten/2024/bnpl-marktupdate.pdf
33 Bron: NOS, 'Onderzoek bevestigt link klimaat en watersnood door regen in juli', 2025, URL: https://nos.nl/collectie/13871/artikel/2394918-onderzoek-bevestigt-link-klimaat-en-watersnood-door-regen-in-juli
34 Bron: NOS, I&O Research.
35 Bron: *NRC*.
36 Beleid dat wordt gecontroleerd en soms ook geïnitieerd door Tweede Kamerleden van gemiddeld 47 jaar, en senatoren van wie de gemiddelde leeftijd zelfs 61 is.
37 Bron: *de Volkskrant*, 'Mark Rutte waait met de politieke wind mee en komt uit bij de Rutte van 2008', 2021, URL: https://www.volkskrant.nl/nieuws-achtergrond/mark-rutte-waait-met-de-politieke-wind-mee-en-komt-uit-bij-de-rutte-van-2008~b8f5af30/
38 Inmiddels ingehaald door o.a. 2024 (NASA). Bron: NASA, KNMI.
39 Bron: De Correspondent, 'Dit zijn de partijen die klimaatverandering serieus tegengaan', 2017, URL: https://decorrespondent.nl/6353/dit-zijn-de-partijen-die-klimaatverandering-serieus-tegengaan/fd92dc57-9c39-0d77-1b6d-5f9a01b19bf3
40 Dit doet ze in het verkiezingsprogramma van 2025. VVD, p. 15.
41 Bron: VVD.
42 Het PBL hanteerde 2030 als maatstaf, maar veel VVD-klimaatplannen, zoals kernenergie, zouden de uitstoot pas na 2030 verminderen. Daarom wilde de partij haar eigen programma niet door het PBL laten doorrekenen. Maar dit gebeurde op initiatief van GroenLinks alsnog. Bron: *de Volkskrant*.
43 Bron: Eurostat, Renewable energy statistics, 2024, URL: https://ec.europa.eu/eurostat/statistics-explained/index.php?title=Renewable_energy_statistics
44 Bron: Follow the Money, 'VVD-coryfee Ed Nijpels: Rutte deed 14 jaar niks aan het klimaatprobleem, dat neem ik hem kwalijk', 2025, URL: https://www.ftm.nl/artikelen/in-

terview-met-vvd-coryfee-ed-nijpels?share=OO%2Bfyn4av LHHyoqoYfNKbcGf8YaBFHhic1NIqSuYdrzI4TPZSKX%2BSquBbbkRmwo%3D

45 Bron: NOS, 'Hoe 30 jaar geleden op een haar na in Noordwijk het klimaat werd gered', 2023, URL: https://nos.nl/nieuwsuur/artikel/2309672-hoe-30-jaar-geleden-op-een-haar-na-in-noordwijk-het-klimaat-werd-gered

46 Zelfs nu nog beweegt de VVD mondjesmaat op klimaat. In maart 2025 meldde het Planbureau voor de Leefomgeving dat Nederland de klimaatdoelen voor 2030 niet gaat halen. Minister van Groene Groei Sophie Hermans (VVD) kondigde snel extra maatregelen aan, maar in juni concludeerden experts al: onvoldoende om de doelen in de nationale Klimaatwet na te komen. Bovendien wees onderzoek van het Sociaal en Cultureel Planbureau in april 2025 uit dat een meerderheid van de Nederlanders vond dat het kabinet-Schoof te weinig deed voor het klimaat.

47 Bron: Gerrit Voerman, 'Een euroscepticus in Brussel?', p. 270.

48 Bron: Dr. Jan Werts, 'Rutte: euroscepticus en tegelijk EU-topbemiddelaar', 2022, URL: https://www.montesquieu-instituut.nl/id/vlvob3pwh30x/nieuws/rutte_euroscepticus_en_tegelijk_eu?ctx=vj74jbah5mxv

49 Dat betekent: Elk EU-land mag in zijn eentje besluiten om een gezamenlijk standpunt wat betreft buitenlandpolitiek tegen te houden, bijvoorbeeld over sancties of oorlogen. Als één land 'nee' zegt, gebeurt het niet.

50 Bron: YouGov, How do Britons feel about Brexit five years on? 2025, URL: https://yougov.co.uk/politics/articles/51484-how-do-britons-feel-about-brexit-five-years-on

51 Bron: *Trouw*, 'Waarom Mark Rutte een Chopin-biografie leest tijdens onheilszwangere EU-top', 2020, URL: https://www.trouw.nl/buitenland/waarom-mark-rutte-een-chopin-biografie-leest-tijdens-onheilszwangere-eu-top~ba9dfdc9/

52 Bron: *NRC*, 'NRC checkt: "De VVD was voorvechter van het homohuwelijk"', 2017, URL: https://www.nrc.nl/nieuws/2017/07/05/de-vvd-was-voorvechter-van-het-homohuwelijk-11660074-a1565691

53 Bron: *Reformatorisch Dagblad*, 'Akkoord over homohuwelijk en euthanasie', 1998, URL: https://www.rd.nl/oud/980530home.html?pg=form98%2F980530vp01.html

54 Bron: André Vermeulen, *De liberale opmars*, 2023, p. 92. URL: https://dnpprepo.ub.rug.nl/10920/37/De%20Liberale%20Opmars.pdf

55 Bron: André Vermeulen, *De liberale opmars*, 2023, p. 176. URL: https://dnpprepo.ub.rug.nl/10920/37/De%20Liberale%20Opmars.pdf

56 'Deze beginselen zijn naar hµn wezen vooruitstrevend. Hun aanhangers weten dat de ontwikkeling der maatschappij niet stil staat en dat het staatkundig beleid zich bij die ontwikkeling heeft aan te sluiten.' Bron: RUG.

57 Bron: Edmund Fawcett, *Liberalism. The Life of an Idea*, 2014.

58 Onder VVD-buitenlandminister Stikker besloot Nederland tot gewapend ingrijpen in Nederlands-Indië. Het mocht alleen niet te veel op oorlogvoering lijken – de VN moesten niet op de kast gejaagd worden. VVD-vicefractievoorzitter Vonk was woedend over het opgeven van de kolonie. Een zelfstandig Nederlands-Indië was volgens hem ondenkbaar, en de naam 'Indonesië' weigerde hij pertinent te gebruiken. Na de verkiezingen keerde hij niet terug in de Kamer, teleurgesteld over het verlies van wat hij als 'zijn' Indië beschouwde. In de jaren zeventig was de VVD wel unaniem voor de onafhankelijkheid van Suriname, al vond de partij de afwikkeling van de Surinaamse onafhankelijkheid in 1975 wel heel erg aan de royale kant. Bron: André Vermeulen, *De liberale opmars*, p. 22 & p. 116.

59 De VVD stond aanvankelijk niet achter inspraakorganen die schooldirecties kunnen corrigeren. Bron: André Vermeulen, *De liberale opmars*, p. 51.

60 *Dit is de Dag*, Nieuwe baan na de politiek? Bijna de helft wordt lobbyist, 2021, URL: https://www.nporadio1.nl/fragmenten/dit-is-de-dag/2f068822-af63-4446-b63f-b7c405125dd2/2021-10-13-nieuwe-baan-na-de-politiek-bijna-de-helft-wordt-lobbyist. VVD'ers uit de landelijke politiek belanden opvallend vaak in de lobbywereld. Helma Lodders ging na haar Kamerwerk natuurlijk aan de slag voor de gokindustrie. En uit onderzoek in 2021 bleek dat van de VVD-politici die in 2017 nog in functie waren maar inmiddels vertrokken, bijna driekwart lobbyist was geworden, veel meer dan bij andere partijen.

61 PEPFAR Report, Kelsey Piper, 2025, URL: https://pepfarreport.org/

62 John Locke, *Some Thoughts Concerning Education*, 1693.
63 Immanuel Kant, *Groundwork of the Metaphysic of Morals, part II*, paras 16 and 17, 1785.
64 John Stuart Mill, 'Whewell on Moral Philosophy', in *Collected Works*, vol. X, p.185-187. URL: https://web.archive.org/web/20120805172223/http://www.animal-rights-library.com/texts-c/mill01.htm
65 Centraal Bureau voor de Statistiek, 'Minder immigratie in 2024, vooral minder kennismigranten', 2025, URL: https://www.cbs.nl/nl-nl/nieuws/2025/26/minder-immigratie-in-2024-vooral-minder-kennismigranten
66 De EFTA-landen zijn Zwitserland, Noorwegen, IJsland en Liechtenstein.
67 NOS, Nederlanders ontevreden over EU, maar willen geen nexit, 2024, URL: https://nos.nl/collectie/13972/artikel/2523106-nederlanders-ontevreden-over-eu-maar-willen-geen-nexit
68 Nationaal Kiezersonderzoek 2023, URL: https://www.kennisopenbaarbestuur.nl/documenten/2024/07/11/nko-rapport-verkiezingen-2023-van-onderstroom-naar-doorbraak-onvrede-en-migratie
69 Een andere mogelijkheid bij EU-studenten is om het niet meer mogelijk te maken een basisbeurs te krijgen als ze een kleine bijbaan (2 dagen) hebben.
70 Het gaat hier om de Europese Economische Ruimte (EER: de EU plus Liechtenstein, Noorwegen en IJsland), Bron: Adviesraad Migratie, Uitgelicht: Internationale studenten – de belangrijkste feiten op een rij. 2023. URL: https://www.adviesraadmigratie.nl/actueel/weblog/blogseries-en-commentaren/2023/internationale-studenten---de-belangrijkste-feiten-op-een-rij#:~:text=Driekwart%20komt%20uit%20Europa&text=Bijna%20driekwart%20van%20hen%20(72,land%20van%20buiten%20de%20EER.
71 Nationaal Regieorgaan Onderwijsonderzoek, Effecten van Engels als voertaal in het hoger onderwijs: leeromgeving, leerprocessen, leeropbrengsten, 2021. URL: https://www.nro.nl/sites/nro/files/media-files/405-00-860%20NRO%20Engelstalig%20Hoger%20Onderwijs%20UU%20def%20v2%20210614.pdf
72 Dit gaat om de jaren 2013 tot 2022 (11 procent). Bron: NOS, Opvang loopt spaak, roep om migratiebeperking: wat zijn de

feiten over migratie? 2023. URL: https://nos.nl/collectie/13958/artikel/2498271

73 Centraal Bureau voor de Statistiek, Immigranten van de laatste 10 jaar blijven langer in Nederland, 2025, URL: https://www.cbs.nl/nl-nl/nieuws/2025/28/immigranten-van-de-laatste-10-jaar-blijven-langer-in-nederland

74 *De Volkskrant*, EU wil dwang en drang bij uitzetten afgewezen asielzoekers, ook 'terugkeerhubs' buiten Europa mogelijk, 2025, URL: https://www.volkskrant.nl/buitenland/eu-wil-dwang-en-drang-bij-uitzetten-afgewezen-asielzoekers-ook-terugkeerhubs-buiten-europa-mogelijk~bc2d8996/

75 De Correspondent, Wie maakt een einde aan De Grote Migratieleugen?, 2024, URL: https://decorrespondent.nl/15144/wie-maakt-een-einde-aan-de-grote-migratieleugen/off-8f3d5-f9e2-0d3a-1af7-5c10772f5b1c

76 House of Commons Library, NHS staff from overseas: statistics, 2023, URL: https://researchbriefings.files.parliament.uk/documents/CBP-7783/CBP-7783.pdf

77 Internationally-trained dentists could boost the NHS workforce faster under new govt plans, 2024, URL: https://www.nationalhealthexecutive.com/articles/internationally-trained-dentists-could-boost-nhs-workforce-faster-under-new-govt-plans#:~:text=Dentists%20with%20qualifications%20from%20overseas,were%20trained%20outside%20the%20UK.

78 SEO, Arbeidsmigratie in 2030, 2022, URL: https://www.abu.nl/app/uploads/2022/08/Rapport_Arbeidsmigratie_2030.pdf

79 Centraal Bureau voor de Statistiek, Bevolkingspiramide, URL: https://www.cbs.nl/nl-nl/visualisaties/dashboard-bevolking/bevolkingspiramide

80 Nu.nl, 'Tekort aan loodgieters in vijf jaar tijd verdubbeld', 2021, URL: https://www.nu.nl/economie/6121002/tekort-aan-loodgieters-in-vijf-jaar-tijd-verdubbeld.html

81 ABN Amro, 'Personeelstekort energietransitie rond recordniveau', 2023, URL: https://www.abnamro.com/research/nl/onze-research/personeelstekort-energietransitie-rond-record-niveau

82 RTL Nieuws, 'In 2032 tekort van meer dan 137.000 werknemers in zorg, ook met kabinetsmaatregelen', 2023, URL: https://www.rtl.nl/nieuws/artikel/5373375/personeelstekort-zorg-en-welzijn-helder-tweede-kamer

83 Omroep Zeeland, 'Tandarts in Zeeland luidt noodklok: gebit verraadt steeds vaker sociale status', 2025, URL: https://www.omroepzeeland.nl/nieuws/17399243/tandarts-in-zeeland-luidt-noodklok-gebit-verraadt-steeds-vaker-sociale-status

84 De samenwerking met de PVV was een aanval op liberale principes. Niet alleen op het gelijkheidsbeginsel, maar ook op de fundamenten van de rechtsstaat. Want de wetgevende macht, waar Wilders sinds 1998 zelf deel van uitmaakt, noemt hij een 'nepparlement' en de rechterlijke macht reduceert hij tot een 'neprechtbank'. Journalisten zijn volgens de politicus 'uitzonderingen daargelaten – gewoon tuig van de richel'.

85 De Correspondent, 'Waarom de PVV zo groot werd (en nee, niet door geschrapte buslijnen, guur neoliberalisme of groeiende ongelijkheid)', 2024, URL: https://decorrespondent.nl/15115/waarom-de-pvv-zo-groot-werd-en-nee-niet-door-geschrapte-buslijnen-guur-neoliberalisme-of-groeiende-ongelijkheid/c6f1dd96-9e73-056c-2537-452a93b83113

86 Nationaal Kiezersonderzoek 2023, p. 136, URL: https://www.kennisopenbaarbestuur.nl/documenten/2024/07/11/nko-rapport-verkiezingen-2023-van-onderstroom-naar-doorbraak-onvrede-en-migratie

87 Our World In Data, British people see immigration as a major concern for the country, but not in their own lives, 2024, URL: https://ourworldindata.org/data-insights/british-people-see-immigration-as-a-major-concern-for-the-country-but-not-in-their-own-lives

88 IOM, A Decade of Documenting Migrant Deaths, 2024, URL: https://missingmigrants.iom.int/sites/g/files/tmzbdl601/files/publication/file/A%20decade%20of%20documenting%20migrant%20deaths.pdf

89 Our World In Data, 'Almost half of people born in Syria have left. Where have they gone?', 2025, URL: https://ourworldindata.org/data-insights/almost-half-of-people-born-in-syria-have-left-where-have-they-gone